青岛蓝色经济区发展战略研究

刘 璟 著

中国海洋大学出版社
·青岛·

图书在版编目(CIP)数据

青岛蓝色经济区发展战略研究 / 刘璟著.—青岛：中国海洋大学出版社，2016.5
ISBN 978-7-5670-1140-3

Ⅰ.①青… Ⅱ.①刘… Ⅲ.①沿海经济－经济发展战略－研究－青岛市 Ⅳ.①F127.523

中国版本图书馆 CIP 数据核字(2016)第 089978 号

出版发行	中国海洋大学出版社
社　　址	青岛市香港东路 23 号　　邮政编码　266071
出 版 人	杨立敏
网　　址	http：//www.ouc-press.com
电子信箱	coupljz@126.com
订购电话	0532－82032573(传真)
责任编辑	于德荣　　　　　　　　　电　话　0532－85902505
印　　制	日照报业印刷有限公司
版　　次	2016 年 7 月第 1 版
印　　次	2016 年 7 月第 1 次印刷
成品尺寸	160 mm×218 mm
印　　张	13.5
字　　数	176 千
定　　价	29.80 元

摘 要

随着世界范围内海洋科学技术的进步,可开发的海洋资源种类日益丰富,新的海洋产业门类不断形成,海洋经济总量快速增长。从区域空间上看,我国海洋开发正以强大的扩张力,由浅水近海向深水远洋、陆海双向及社会、经济、文化三维坐标扩展突破,以海洋资源开发和海洋经济发展为特征的"新东部"区域经济正在崛起,逐渐成为我国国民经济战略转型的重要支撑。发展蓝色经济,建好蓝色经济区,不仅有利于青岛积极应对国内外形势变化,切实转变经济发展方式,调整优化产业结构,统筹开发海陆资源,提升城市综合实力和竞争力,而且有利于青岛市在更宽领域、更广空间、更高层次上推进区域合作,不断提升青岛市在山东省乃至国家发展战略中的地位和作用。研究青岛蓝色经济区的功能定位与发展战略具有重要意义。

本研究的目的为:山东半岛蓝色蓝色经济区建设中,青岛市的功能定位与发展战略,找准青岛市自身发展定位,服务山东半岛蓝色经济区建设,促进山东省海洋经济发展。研究的内容为:青岛蓝色经济区建设的现实条件;青岛蓝色经济区功能定位与战略的环境条件;青岛蓝色经济区建设发展战略与关键问题分析。

本研究主要采取文献整理法、专家访谈法、实地调研法、数量分析法。研究思路如下:首先研究青岛蓝色经济区建设的相关理论以及国际蓝色经济区建设经验;其次分析青岛蓝色经济区的自然要素、蓝色产业、区域产业结构、海洋经济空间布局科技与人才支撑等现实条件;最后提出青岛蓝色经济区建设功能定位与发展战略。

　　本研究在充分借鉴国内外蓝色经济发展经验的基础上，系统研究蓝色经济的发展规律，深入探讨蓝色经济区建设理论；分析山东半岛特别是青岛蓝色经济区建设的现实基础和支撑条件，合理定位青岛市在山东半岛蓝色经济区建设中的功能，明确青岛蓝色经济发展比较优势，提出五大战略定位：先行区、聚集区、核心区、蓝色硅谷与示范区。提出发展思想与所遵循的发展原则，建立"国家海洋经济科学发展先行区"、"半岛蓝色经济区"、"半岛蓝色高端产业聚集区"、"蓝色硅谷"与"海洋生态环境保护示范区"五大建设战略。从青岛市当前面临的关键问题出发：政府角色定位；海洋主导产业选择，海洋科技创新支撑体系构建；内陆县市融入蓝色经济区建设；与半岛城市群的协调与合作。确立青岛蓝色经济区建设的指导思想、发展原则、战略目标、战略重点以及具体实施方案，为青岛蓝色经济区建设提供理论指导和对策建议，同时为国内其他沿海地区发展蓝色经济提供有益的借鉴。

　　本研究的创新点在于明确青岛市在山东半岛蓝色经济建设中的龙头地位；指出青岛蓝色经济区建设的五大关键问题并提出相应措施；蓝色经济区建设中相关城市功能定位与发展战略已有理论与实际相结合。

Abstract

With the development of marine science and technology in the world, the marine resources development is increasingly rich, and the new marine industry has been formed. From the point of view of regional space, the expansionary forces the development of China's ocean is composed of shallow water offshore to the deep-water ocean, land and sea two-way and the social, economic, and cultural dimensional coordinate expansion to keep these breakthrough, development of marine resources and marine economic development as the characteristics of the new Eastern Regional economy is on the rise, and gradually play an important role for the transformation of our national economic strategy. The development of blue economic and the blue economic zone are not only conducive to the Qingdao respond to changes in the domestic and international situation actively, and change the mode of economic development effectively, adjusting and optimizing the industrial structure, coordinating the development of sea and land resources, enhance city's comprehensive strength and competitiveness, but also conducive to the Qingdao City in a wider field and broader space and at a higher level, promote regional cooperation, and constantly improve the Qingdao City in Shandong Province and even the national development strategy in the status and role. The research on the function orientation and development strategy of the blue economic zone of Qingdao city is of great significance.

The purpose of this study is to find the appropriate function orientation of Qingdao and draw up a development strategy, which plays an important role in building the blue economic zone of Shandong peninsula and promotes the development of marine economy of Shandong province during the Shandong peninsula blue economic zone construction. The research contents are as follows: the realistic conditions of the construction of the blue economic zone of Qingdao city; the functional orientation and strategic environmental conditions of the blue economic zone of Qingdao; the development strategy and the key problems of the construction of the blue economic zone of Qingdao city.

This paper mainly adopts literature review method, expert interview method, field survey method and quantitative analysis method. Research ideas are as follows: at first we study the theory of the construction of Qingdao blue economy zone and the blue economic zone construction experience; and then followed by analysis of the actual condition of the natural factors of blue economic zone of Qingdao, ocean industry, regional industrial structure and the spatial distribution for ocean economic technology and talent support. Finally, it puts forward the Qingdao City Blue Economic Zone construction function orientation and development strategy.

In this paper, in order to fully draw on the basis of domestic and international economic development of the blue experience and system of blue economy law of development, to systematically study the blue economic zone construction theory; analysis of the Shandong Peninsula, especially the real foundation and sup-

Abstract

port condition of the construction of Qingdao blue economy zone, reasonable positioning function of Qingdao City in Shandong Peninsula blue economic zone construction, clear Qingdao blue economy development of comparative advantage, put forward five strategic positioning: area of go ahead of the rest, the gathering area, core area, blue valley and the demonstration area. Thought of development and follow the principle of development, proposed the establishment of "national scientific development of marine economy area of go ahead of the rest", "peninsula Blue Economic Zone", " blue Peninsula high-end industrial agglomerations", "Blue Valley" and "marine ecological environmental protection demonstration zone" construction of five major strategy. Starting from the Qingdao city is facing the key issues: the role of the government; marine leading industry selection, marine science and technology innovation support system; inland counties into the blue economic zone construction; and the peninsula city group coordination and cooperation. Established in the construction of Qingdao blue economy zone of the guiding ideology, the development principle, the strategic objectives, strategic focus and specific implementation plan, to provide theoretical guidance and Countermeasures for the construction of Qingdao blue economy zone, also for other domestic coastal area development blue economy provides a useful reference.

Finally this paper forms the following conclusions: clearly informed the construction of Qingdao blue economy zone of comparative advantage and the analysis of the five functions of the construction of Qingdao blue economy zone position; clear the construction of Qingdao blue economy zone. Several key issues The suggestions are as follows: to strengthen the organization and leadership; to improve the policy system; to improve the infrastructure; to highlight the key links; to expand the opening up; to create a favorable environment for development.

Innovation point of this paper is to clear Qingdao City's leading position in Shandong Peninsula blue economic construction; point out the construction of Qingdao blue economy zone of five key issues and put forward the corresponding measures; construction of the economic zone of marine related urban functional positioning and development strategy of existing theory and practice.

目 录

第一章 绪 论 …………………………………………… 1
  第一节 研究背景 ………………………………………… 1
  第二节 研究意义 ………………………………………… 4
    一、理论意义 …………………………………………… 4
    二、现实意义 …………………………………………… 5
  第三节 国内外研究进展 ………………………………… 5
    一、蓝色经济的研究进展 ……………………………… 5
    二、蓝色经济区的研究进展 …………………………… 7
  第四节 研究方法与思路 ………………………………… 8
    一、研究方法 …………………………………………… 8
    二、研究思路 …………………………………………… 9
  第五节 研究创新点 ……………………………………… 10

第二章 青岛蓝色经济区建设的基本理论研究 ………… 12
  第一节 区域经济理论 …………………………………… 12
    一、古典区位论:中心地理论 ………………………… 12
    二、区域经济非均衡发展理论:增长极理论 ………… 13
    三、区域经济的梯度推移理论 ………………………… 14
  第二节 蓝色经济区的基本理论 ………………………… 14
    一、蓝色经济与海洋经济 ……………………………… 14
    二、蓝色经济区 ………………………………………… 18

三、蓝色经济发展与蓝色经济区建设 …………………… 19
第三节 海洋资源开发相关理论 …………………………… 22
  一、海洋资源的定义及分类 ……………………………… 22
  二、海洋资源特性及对海洋经济发展的启示 …………… 24
  三、海洋资源开发赋予蓝色经济的新内涵 ……………… 26

第三章 国际蓝色经济区建设经验及借鉴 …………………… 29
第一节 主要发达国家蓝色经济发展和蓝色经济区建设的经验
  …………………………………………………………… 29
  一、美国 …………………………………………………… 29
  二、欧盟 …………………………………………………… 30
  三、加拿大 ………………………………………………… 31
  四、澳大利亚 ……………………………………………… 32
  五、日本 …………………………………………………… 33
第二节 蓝色经济区规划建设中政府的作用 ……………… 34
  一、美国 …………………………………………………… 34
  二、加拿大 ………………………………………………… 35
  三、澳大利亚 ……………………………………………… 35
第三节 蓝色经济区区域及中心城市的功能定位 ………… 35
第四节 不同层面蓝色经济区建设经验 …………………… 37
  一、国家层面：以韩国、越南为例 ……………………… 37
  二、区域层面：以菲律宾为例 …………………………… 41
  三、跨区域合作层面：以泛北部湾经济合作区为例 …… 42
第五节 经验启示 …………………………………………… 43

第四章 青岛蓝色经济区建设的现状 ………………………… 45
第一节 自然要素 …………………………………………… 45
  一、交通设施 ……………………………………………… 45

二、通信设施 …………………………………………… 47
　　三、水电气暖供应 ……………………………………… 48
　　四、气候与环境 ………………………………………… 48
　　五、海岛及岸线资源 …………………………………… 48
　　六、海洋生物和矿产资源 ……………………………… 49
　第二节　蓝色产业发展 …………………………………… 49
　　一、海洋第一产业 ……………………………………… 50
　　二、海洋第二产业 ……………………………………… 52
　　三、海洋第三产业 ……………………………………… 57
　第三节　区域产业结构 …………………………………… 60
　　一、区域产业结构变化 ………………………………… 60
　　二、海洋产业结构变化 ………………………………… 61
　第四节　海洋经济空间布局 ……………………………… 62
　　一、胶州湾海洋经济区 ………………………………… 62
　　二、东部海洋经济区 …………………………………… 63
　　三、西部海洋经济区 …………………………………… 63
　　四、海岛及附近海域海洋经济区 ……………………… 63
　第五节　科技与人才支撑 ………………………………… 64
　　一、科技与人才总体概况 ……………………………… 64
　　二、涉海科技与人才概况 ……………………………… 64

第五章　青岛蓝色经济区建设的环境分析 ………………… 67
　第一节　SWOT分析方法 ………………………………… 67
　第二节　青岛蓝色经济区建设的优势 …………………… 68
　　一、经济实力雄厚：半岛蓝色经济区主体区城市群中的最大
　　　　经济体 ……………………………………………… 68
　　二、综合实力突出：城市竞争力居全省首位 ………… 71
　　三、海洋科研力量雄厚：国内著名的"海洋科学城" ……… 72

第三节 青岛蓝色经济区建设中存在的问题 ………… 81
一、海洋产业结构有待优化 ………………………… 81
二、区域间发展不平衡 ……………………………… 81
三、海洋科技对海洋产业的拉动作用有待增强 …… 82

第四节 青岛蓝色经济区建设的机遇 ………………… 82
一、国内外蓝色经济快速发展 ……………………… 82
二、山东半岛蓝色经济区建设 ……………………… 83

第五节 青岛蓝色经济区建设的挑战分析 …………… 83
一、国内区域间蓝色经济竞争激烈 ………………… 83
二、青岛市蓝色经济发展自身问题突出 …………… 83

第六章 青岛蓝色经济区功能定位与发展战略分析 ………… 85
第一节 功能定位与发展目标 ………………………… 85
一、功能定位 ………………………………………… 85
二、发展目标 ………………………………………… 89

第二节 "国家海洋经济科学发展先行区"建设战略 … 90
一、人才培养模式改革先行 ………………………… 90
二、海洋科技创新先行 ……………………………… 92
三、制度改革与创新先行 …………………………… 98
四、经济发展方式转变先行 ………………………… 102
五、对外开放先行 …………………………………… 104

第三节 "半岛蓝色经济核心区"建设战略 …………… 106
一、打造一条蓝色经济带 …………………………… 106
二、培育五大海洋功能区 …………………………… 106
三、合理布局海洋特色产业聚集区 ………………… 110

第四节 "半岛蓝色高端产业聚集区"建设战略 ……… 118
一、优化提升传统海洋产业 ………………………… 118
二、培育和发展海洋战略性新兴产业 ……………… 127

目 录

第五节 "蓝色硅谷"建设战略 ……………………………… 138
  一、建设"蓝色硅谷"的战略意义 ……………………… 138
  二、科学定位"蓝色硅谷" ……………………………… 138
  三、合理布局"蓝色硅谷"功能区 ……………………… 138
  四、探索"蓝色硅谷"有效的运营模式和科学的评价方法
  ……………………………………………………………… 142

第六节 "海洋生态环境保护示范区"建设战略 …………… 144
  一、建设陆海污染同防同治示范区 …………………… 144
  二、建设海洋生态环境修复示范区 …………………… 145
  三、建设湿地保护与适度开发示范区 ………………… 147

第七章 青岛蓝色经济区建设中的关键问题分析 ………… 149
第一节 政府的角色定位问题 ……………………………… 149
  一、政府干预经济的理论依据及主要模式 …………… 149
  二、青岛蓝色经济区建设中的政府角色定位 ………… 152

第二节 海洋主导产业的选择问题 ………………………… 155
  一、海洋主导产业的选择基准及其指标体系 ………… 156
  二、青岛市海洋主导产业的选择 ……………………… 158

第三节 海洋科技创新支撑体系构建问题 ………………… 163
  一、制约青岛市海洋科技创新发展的主要问题 ……… 163
  二、青岛市海洋科技创新支撑体系的构建 …………… 166

第四节 内陆县市融入蓝色经济区建设问题 ……………… 171
  一、平度和莱西两市发展概况 ………………………… 171
  二、平度和莱西两市融入蓝色经济区建设的具体思路 … 173

第五节 半岛城市群的协调与合作问题 …………………… 177
  一、半岛城市群协调与合作面临的主要问题 ………… 177
  二、加强半岛城市群协调与合作的具体思路 ………… 178

第八章 结论与政策建议 ································ 182
第一节 研究结论 ······································ 182
一、青岛蓝色经济区建设的五大功能定位 ··············· 182
二、青岛蓝色经济区建设的若干关键问题 ··············· 182
第二节 政策建议 ······································ 183
一、加强组织领导 ····································· 183
二、健全政策体系 ····································· 183
三、完善基础设施 ····································· 185
四、突出关键环节 ····································· 186
五、扩大对外开放 ····································· 188
六、营造良好环境 ····································· 190
第三节 研究不足与展望 ································ 192

参考文献 ·· 193

后记 ·· 199

第一章 绪 论

第一节 研究背景

随着世界范围内海洋科学技术的进步,可开发的海洋资源种类日益丰富,新的海洋产业门类不断形成,海洋经济总量快速增长。据统计,全世界的海洋产业总产值每十年左右就要接近翻一番,20世纪70年代初为1 100亿美元,1980年为3 400亿美元,1992年为6 700亿美元,2005年为19 000亿美元,2010年为30 000亿美元,预计到2020年约为55 000亿美元。世界人均年收入超过22 000美元的10个国家中,8个属于沿海国家,全球约65%的人口集中在海岸带地区。与此同时,人类社会的海洋价值观也在发生着或多或少的变化,人们普遍开始重视海洋,特别是重视海洋之于人类生存和发展的重大战略意义,科学开发利用和保护海洋资源已成为解决人类面临的资源空间约束和生态环境危机,实现社会经济可持续发展的战略举措。各沿海国家和地区根据自身特点,纷纷把发展海洋经济、建设海洋强国作为国家(或地区)的重要发展战略,并对此大力组织实施。

我国作为一个海洋大国,进入21世纪以来,对海洋的开发也跨入了一个全新的发展阶段。2002年,国务院原则批复《全国海洋功能区划》,依据海岸带资源与环境自然属性和社会属性对海域进行了功能划分。2003年,国务院颁布了《全国海洋经济发展规划纲要》。2008年以来,国家连续公布《珠江三角洲地区改革发展规划纲要(2008—2020年)》《横琴总体发展规划》《辽宁沿海经济带发展规划》《关于推进海南国际旅游岛建设发展的若干意见》《江苏沿海地区发展规划》《黄河三角洲高效生态经济区发展规划》《山东半岛蓝色经济区发展规划》等一系列沿海区域的具体的经济发展规划或意见,并积极推进天津滨海新区、河北曹妃甸经济区、福建海峡西岸经济区、广西北部湾经济区建设,掀起了新一轮沿海区域经济发展浪潮。2012年,在党的十八大报告中,也提出"提高海洋资源开发能力,发展海洋经济,保护海洋生态环境,坚决维护国家海洋权益,建设海洋强国"这一重要战略部署,将建设海洋强国提到了国家战略层面,从而推动我国海洋事业不断向前发展。

从区域空间上看,我国海洋开发正以强大的扩张力,由浅水近海向深水远洋、陆海双向及社会、经济、文化三维坐标扩展突破,以海洋资源开发和海洋经济发展为特征的"新东部"区域经济正在崛起,逐渐成为我国国民经济战略转型的重要支撑。纵观我国区域经济发展整体的格局,不难看出,经济较发达的部分沿海省市已基本确立了在"五个流域"的龙头地位,即辽宁省作为东北三省的龙头、天津市作为环渤海地区的龙头、上海市作为长江流域的龙头、广东省作为珠江三角洲的龙头、广西壮族自治区作为大西南地区的龙头。而山东省作为黄河流域的沿海地区经济较发达省份,亟须全新的区域发展理念和规划来确立在黄河流域的龙头地位。

山东半岛是我国最大的半岛,早在20世纪90年代初,山东省凭借得天独厚的区位和海洋资源优势,提出了建设"海上山东"的战略,并将其列为全省两大跨世纪工程之一。1998年,山东省委、省政府召开了"海上山东"建设工作会议,明确建设"海上山东"战略,在随后的20多年来,山东省的海洋经济迅速发展,到2012年海洋产业增加值达8 972.1亿元,比上年增长11.7%。海洋渔业、海洋工程建筑业、海洋盐业、海洋电力业增加值均在全国居首位,与此同时，海洋生物医药、海洋新能源等新兴产业和滨海旅游业等服务业迅速发展，到目前为止，已逐渐形成较为完备的海洋产业体系。山东半岛已成为全国海洋经济增长最快、外向度最高、最富有活力的地区之一。

2009年4月，中共中央总书记胡锦涛同志到山东视察时明确提出"要大力发展海洋经济，科学开发海洋资源，培育海洋优势产业，打造山东半岛蓝色经济区"的36字方针。同年10月，胡锦涛同志再次来到山东考察时，进一步强调："山东海域面积辽阔，海洋资源丰富，发展海洋经济大有可为，要使海洋经济真正成为山东经济的重要增长极。"自此，打造"山东半岛蓝色经济区"这一重大战略任务明确提出，山东半岛蓝色经济区建设也进入具体实施阶段。2011年1月，国务院批复《山东半岛蓝色经济区发展规划》（以下简称《规划》），这是"十二五"规划实施以来，第一个获得国家批复的发展战略，更重要的意义在于，这也是我国第一个以海洋经济为主题、兼顾海陆统筹的区域发展战略。规划的批复确立了山东省在黄河流域的龙头地位，标志着我国海洋经济发展试点工作进入实施阶段，山东半岛也成为在国家海洋经济发展战略中，具有先行先试意义的重要地区。

建设山东半岛蓝色经济区，其基本要求是海洋生态文明建设，实施的途径应该是海陆统筹兼顾，合理配置海洋优势产业、临海产业、涉海产业，是一个经济、生态、社会协调发展的具有现代海洋特色的经济区。根据国家《规划》批复要求，经济区主体区范围包括山东全部海域和青岛、东营、烟台、潍坊、威海、日照等6市及滨州市的无棣、沾化2个沿海县所属陆域，其中海域面积占到15.95万平方千米，陆域面积占到6.4万平方千米。

在山东半岛蓝色经济区建设中，青岛市具有十分重要的地位，《规划》中明确指出，青岛市应该成为"龙头"城市，不仅将成为国家级中心城市，也将带动山东省和黄河流域其他地区的经济社会发展。作为我国东部沿海地区经济中心城市和对外开放城市,青岛市具有发展海洋经济、实施蓝色战略的良好基础和条件。目前,青岛市拥有海岸线711千米,分布着69个岛屿、49处天然海湾,特别是近海海域达到1.38万平方千米。在如此广阔的海域内,海洋生物、港口岸线、海洋能源等自然资源十分丰富。自建市以来,青岛市一直被公认为我国重要的海洋科研和教育中心,我国海水养殖发展的"五次浪潮"均起源于青岛。在青岛聚集着众多享誉中外的海洋科学家。青岛市拥有与世界150多个国家和地区的450多个港口有经贸往来的亿吨大港,是重要的区域性国际航运中心;中美海底光缆、中韩海底光缆都在青岛登陆,也是全国重要的通信枢纽城市。改革开放以来,青岛作为第一批沿海开放城市,凭借海洋资源优势,海洋经济迅速发展,目前已经构建起一套较为完善的蓝色经济产业体系,2013年实现海洋产业增加值1 317亿元,比上年增长18.2%,高于同期GDP增长速度。与此同时,石化、造船、海洋工程等临港产业集群形成并实现较快发展。依托原有的良好经济基础和发展条件,在山东半岛蓝色经济区建设中,青岛市也义不容辞地发挥先行先试和龙头带动作用,率先承担起推动山东半岛蓝色经济区崛起的重任。

第二节 研究意义

一、理论意义

本研究以山东半岛蓝色经济区建设为背景,从城市功能定位与发展战略的角度,对青岛市目前城市发展状况进行研究,论述了青岛市在建设山东半岛蓝色经济区中,以及在推动山东省经济社会发展方面的重大作用,对于丰富国家战略和政府政策下城市发展理论,对于丰富以城市发展的角度推动半岛蓝色经济区建设理论,有重要理论意义。

二、现实意义

山东省是我国重要的海洋大省,我国海洋事业发展的领先省份。20世纪90年代提出"海上山东"战略以来,山东省海洋事业发展一直处于全国领先地位。国家提出建立半岛蓝色经济区,是在全国发展海洋事业大势的前提下,结合山东海洋事业发展的具体实际,适时提出的符合山东经济社会发展需求的重大战略部署。在山东半岛蓝色经济区建设中,青岛市是核心与先导。研究山东半岛蓝色经济区建设中青岛市的功能定位与发展战略,对于青岛市找准自身发展定位,更好的发挥半岛蓝色经济区建设中的领导作用,有重要意义。同时,也能更好地服务于半岛蓝色经济区的发展,对于推动整个山东省的海洋经济发展具有重要意义。

第三节 国内外研究进展

一、蓝色经济的研究进展

(一)国外关于蓝色经济的研究

蓝色经济(blue economy)一词较早出现在1999年10月加拿大魁北克省举办的一个名为"蓝色经济与圣劳伦斯发展"的论坛[①]。该论坛的主题是为了推动"蓝色经济"发展领域的投资,这其中不仅包括水上航运、游客远足、邮轮巡游,还包括海洋运输及环境保

---

① Stainier A. The "Blue Economy" as a Key to Sustainable Development of the St. Law rence. LeFleuve, 1999, 10(7):1-3.

护等在内。之后,国外许多学者对蓝色经济的内涵进行了深入研究,Rockefeller[1]认为,从食品到燃料,蓝色经济的重要性在现实生活中得到了很好的见证,特别是从海洋中获取的产品和服务又来推动经济的发展,由此可以认为,蓝色经济就是海洋经济。2009年6月举行的美国国会上,美国国家海洋和大气管理局局长Lubchenco博士提出了"基于海洋具有经济与环境可持续性、充满生机的经济活动"的概念,并将其归纳为"Blue-Green Economy(蓝—绿经济)"一词。2008年,澳大利亚联邦科学与工业研究组织[2](CSIRO)进行了一个关于蓝色的研究项目,在其研究报告中提出了"蓝色GDP"的概念,这里的"蓝色GDP"是强调在发展以海洋为基础的多元化产业的同时,应融入社会和资源环境可持续发展的理念。韩国海洋战略专家黄起亨研究员则认为"蓝色经济"是一种"与海洋科技创新密切相关,并基于海洋的新型绿色经济体系,其发展隐含着一种增长引擎,可以推动海洋的可持续利用与保护,并确保人类社会的持续生存"[3]。国际海洋研究所所长贝楠博士2012年在天津举办的第二届亚太蓝色经济论坛上将"蓝色经济"描述为:以可持续的方式来利用海洋资源,并与海洋和谐共处的经济活动,是一种向人—海共存关系的过渡,既包括商品与服务的提供,也包括维护人类财产与生命安全,为子孙后代提供可持续发展的权利和保障[4]。

(二)国内关于蓝色经济的研究

国内"蓝色经济"主要是指海洋经济,众所周知,海洋最基本的

---

[1] 林强.蓝色经济区理论与实证研究[M].经济科学出版社,2010:8-9.

[2] CSIRO. Blue GDP: ocean-based industry development and g row th, 2008. 16.

[3] Kwang, Kee-hyung. Establishing a capacity-building program for developing countries in the "Blue Economy Initiative" of the EXPO 2012 Yeosu, Korea. Busan, Korea. 2010.

[4] Behnam A. Demystifying the Blue Economy. 2nd APEC Blue Economy Forum, Tianjin China. 2012.

属性就是"蓝色"。早期所说的"蓝色国土"和"蓝色产业"[①]以及后来的"蓝色经济"[②],都是"海洋"、"海洋产业"及"海洋经济"的代名词,主要是从海洋直观的颜色来加以描述。

张开城[③]在2008年9月提出了"蓝色产业带"的概念,但仅仅停留在概念上,没有提升到区域内海洋经济产业发展的决策层面。2009年4月,中共中央总书记胡锦涛同志在山东考察时提出"打造山东半岛蓝色经济区"的战略构想,自此,"蓝色经济"和"蓝色经济区"的概念才上升到战略高度,也才开始引起国内学界及地方政府的关注和研究。

虽然中国蓝色经济的发展积累了丰富的理论和实践经验,初步构建起相对完善的蓝色经济理论体系(孙吉亭,2009,2011;郑贵斌,2014;韩立民,2009,2010,2013),但从世界角度看,中国学者的研究过度集中于中国自身,忽略了中国蓝色经济在全球蓝色经济发展中的角色与作用,导致在联合国可持续发展大会之后全球蓝色经济发展中中国蓝色经济的国际话语权薄弱和影响力不足。

二、蓝色经济区的研究进展

(一)国外对蓝色经济区研究

国际上"蓝色经济"概念存在着不确定性,因而对"蓝色经济区"概念也存在模糊不清的问题。国外对蓝色经济区概念的研究,主要集中在海岸带、湾区、海洋开发区、沿海自由经济区、海洋保护区等海洋、涉海资源的存在形式中。虽然这些涉海区域没有统一归纳为蓝色经济区,但大多已包含潜在蓝色经济区的概念。国际上还存在着"海洋经济区"、"临海经济区"的概念,这主要是从"海洋经济"、"临海经济"角度,结合区域空间布局,针对不同具体内涵

---

① 林仕厚.扶持"蓝色产业",开发"蓝色财源"[J].福建财会,1998,(2):12-13.
② 孟平.进军"蓝色经济"[J].海洋开发与管理,2003,(2):23-26.
③ 张开城.中国蓝色产业带战略构想[J].时代经贸,2008,(6):11-16.

所提出的概念。

(二)国内对蓝色经济区研究

国内对于蓝色经济区的研究,主要是针对我国山东半岛区域海洋经济发展提出来的,因为"蓝色经济"和"蓝色经济区"的概念首先在山东提出的,现阶段国内学者对蓝色经济区的研究,大多是对山东半岛蓝色经济区发展的发展理念(姜旭朝,2010;林强,2010;何广顺,2013)、实践经验总结(周春华,2012)、问题分析(谭晓岚,2012)、建设战略(姜秉国,2009)、运行机制(陈明宝,2010)等。总起来说,蓝色经济区发展,应在以往海洋经济区发展思想基础上,以创新发展、集约利用为主线来实施的区域海洋经济战略。

第四节 研究方法与思路

一、研究方法

(一)文献整理法

蓝色经济区发展理论及其城市建设发展相关理论浩繁复杂,从中提炼出有效的参考信息对本研究完成有重要意义。通过对相关资料及其统计数据搜集整理,查阅蓝色经济发展的相关理论及国家和地方政府的文件,收集采纳与本研究相关的资料信息,然后将其归纳整理,有效地与研究内容结合。

(二)专家访谈法

本研究针对不同层次、不同主体,进行实地考察。对于个别专业技术要求比较高的资料通过向有关专家进行咨询的方式获得。例如,在建立可持续发展模型时,应用德尔菲法,参考相关专家的意见对不同的影响因子重要性赋值。

(三)实地调研法

因本研究以青岛市为研究对象,对青岛市经济社会发展情况进行全面的了解和掌握的前提下,采用观察、访问、座谈等方法收集基本信息,为本研究提供翔实的第一手资料。

(四)数量分析法

蓝色经济区建设中城市功能定位与发展战略属于一个大型的社科性质的研究范畴,仅仅依靠感性思维或者单纯运用数量分析都无法进行全面、科学、准确的研究。本研究在充分搜集资料,全面阐述发展基础的前提下,运用定性研究与定量研究性研究相结合的方式,科学分析建立青岛市为海洋经济发展示范区、先行区的问题;运用层次分析、模糊数学分析等方法,根据青岛市经济社会发展实际情况,评估各发展因子的重要程度,选择出适合优先、加快发展的海洋产业。

二、研究思路

本书结合山东半岛蓝色经济区建设背景,研究了青岛市的功能定位与发展战略。主要内容如下:

绪论部分,介绍了本书的研究背景,具体分析了本研究的理论意义和现实意义,明确提出本书的研究方法、主要研究内容与主要创新点。

第一、二章,介绍了山东半岛蓝色经济区建设中青岛市功能定位与发展战略的理论基础,包括蓝色经济区的基本理论、海洋资源开发理论与国际蓝色经济区建设经验启示,并对其在山东半岛蓝色经济区建设中的功能定位与发展战略的具体应用作了相关阐释。

第三、四章,通过分析借鉴国际蓝色经济区建设先进经验,分析了青岛市选择城市功能定位与下一步发展战略的现实基础,分析了青岛市区位条件,明确了交通、通信、水电气暖设施等基础设施状况,分析了气候、海岛岸线与海洋物产等自然资源禀赋,指出科技与人才支撑建设情况,指明了区域产业结构,分析了海湾地区及其东西部海岸海洋经济空间布局。

第五章，运用SWOT分析方法对青岛蓝色经济区建设环境进行分析。指出青岛市在山东半岛蓝色经济区发展中相较于省内沿海城市的比较优势、存在问题、机遇与面临的挑战。

第六章，主要分析了青岛市在山东半岛蓝色经济区建设中的发展战略。提出了发展思想与所遵循的发展原则。提出了建立"国家海洋经济科学发展先行区"、"半岛蓝色经济区"、"半岛蓝色高端产业聚集区"、"蓝色硅谷"与"海洋生态环境保护示范区"五大建设战略。对五大建设战略的实施基础与实施路径进行了深刻剖析与详尽阐释。

第七章，主要分析指出青岛市在建设蓝色经济区时应着重解决的关键问题。包括蓝色经济区建设中政府的角色定位、海洋主导产业的选择、海洋科技创新支撑体系构建、内陆县市融入蓝色经济区建设与半岛城市群的协调与合作五大问题，通过数据分析与相关模型构建，提出了解决五大建设问题的措施。

第八章，提出了保障青岛市在山东蓝色经济区建设中功能定位与战略研究的基本思路的相关措施。通过分析青岛市的实际发展情况，结合青岛市的城市定位，提出了加强组织领导，健全政策体系，完善基础设施，突出关键环节，扩大对外开放与营造良好的发展环境六大保障措施，并对各具体措施的实际应用作出详细阐释。

第五节 研究创新点

本研究主要有两个方面的创新点：

第一，指出在山东半岛蓝色经济区建设中青岛市发展需解决的五大关键问题并提出了相应的解决措施。涵盖政府定位、产业选择、科技创新、区域发展、区域城市协调等方面,全面概括了青岛市在山东半岛蓝色经济区建设中所应关注并重点解决的环节,指明了青岛市城市建设方向,提出了城市发展路径。

第二,已有理论在指导海洋经济区建设中相关城市功能定位与发展战略实际意义不大,目标指向不明确。本研究进一步拓展外延,结合相关海洋经济和海洋产业发展理论与青岛市实际发展状况,为山东其他城市以及省外其他海洋经济区中心城市,提供较为完善的城市建设与发展战略借鉴。本书在理论研究中深入分析蓝色经济区建设理论、海洋开发理论、国际蓝色经济建设经验,在实践中提出城市建设五大关键问题,理论实践紧密结合,指导意义重大。

第二章 青岛蓝色经济区建设的基本理论研究

第一节 区域经济理论

区域经济是一个综合的概念,"区域经济是以地域为基础的国家经济的空间子系统,是介于宏观经济和微观经济之间的中观经济"。它的基础是不同等级的地域单元,按照一定的原则,包括社会劳动地域分工,在充分发挥本区域优势的基础上建立起来的地域性经济、社会活动及其相互关系的总和。不同的区域具有不同的区域特色。魏后凯(2006)认为区域经济有三个明显特点,即地域性、中观性和相对开放性。在地域性方面,他认为"区域经济的发展必须因地制宜、扬长避(补)短、合理分工、发挥优势,以逐步形成各具特色的地区经济结构";在中观性方面,他认为"地方政府既要对区域内的企业进行管理和调控,又要接受中央和上一级政府的监督、指导和调控,执行国家的宏观经济政策";在相对开放性方面,他认为"区域规模越大,开放的程度越低;反之,区域规模越小,开放的程度越高"①。

一、古典区位论:中心地理论

20世纪30年代初,德国地理学家克里斯塔勒(Christaller,

---

① 魏后凯.现代区域经济学.经济管理出版社,2006:5.

1933)出版了《德国南部的中心地区》一书,比较系统地阐明了中心地理论。克里斯塔勒认为,高效的组织物质财富生产和流通的空间结构,必然是以城市为中心。他试图说明城镇为什么存在,决定城镇发展的主要因素是什么,以及这些因素在区域中的次序排列如何产生。克里斯塔勒的中心地理论强调商业,并且首创了以城市聚落为中心进行市场面与网络分析的理论①。书中引用大量实例,说明了恰恰是这种以城市为中心、优越的市场空间结构必然将对产业配置产生巨大的吸引力。

二、区域经济非均衡发展理论:增长极理论

增长极(growth pole)的概念最早是由法国经济学教弗朗索瓦·普劳克斯(F. Perroux)提出来的。早在 20 世纪 50 年代初,普劳克斯针对古典经济学家的关于均衡发展观点,提出了自己的看法,他指出,现实世界中经济要素的作用完全是在一种非均衡的条件下发生的。他认为:"增长并非同时出现在所有地方,它以不同的强度首先出现于一些增长点或增长极上,然后通过不同渠道向外扩散,并对整个经济产生不同的最终影响。"1955 年,在一篇名为《增长极概念》的论文中,普劳克斯进一步分析了产业支配关系的主要原因,他认为其主要原因在于创新能力在产业之间、经济元素之间的差异。也就是说,具有创新能力的优势经济元素在经济空间中处于支配地位,具有"推动"效应,会诱导和推动其他经济元素的增长。

1957 年,法国地理学家 J·布德维尔(J. Bordeville)将极的概念引入地理空间,提出了"增长中心"这一空间概念。布德维尔认为,增长极是指在城市区配置不断扩大的工业综合体,并在其影响范围内引导经济活动的进一步发展,"经济空间是经济变量在地理

---

① 豆建民.区域经济发展战略分析.上海人民出版社,2009:31.

空间之中或之上的运用"。这其中包含两个内涵：一是作为经济空间上的某种推动型工业；二是作为地理空间上的产生集聚的城镇，即增长中心。增长极便具有"推动"和"空间集聚"意义上的增长之意思。①

三、区域经济的梯度推移理论

20世纪70年代，区域经济学家克鲁默（Krumme）、海特（Hayor）等人在产品生命周期理论和区域生命周期理论的基础上，不断延伸发展成为区域经济的梯度推移理论。该理论认为，主导产业在生命周期中所处的阶段决定了区域经济的发展，由此也导致经济和技术发展的区域梯度是客观存在的。在高梯度地区，创新活动一般比较活跃，而随着时间和产品生命周期的变化，在低梯度地区就会逐渐减弱，这种推移主要通过区域之间所存在的多层次的城市体系进行。

第二节 蓝色经济区的基本理论

一、蓝色经济与海洋经济

（一）蓝色经济

随着改革开放的不断扩大，沿海区域出现新一轮经济发展浪潮，赋予"蓝色经济"新的内涵。不同研究领域的专家学者对"蓝色经济"的内涵也有各自的理解。主要代表性观点有：①蓝色经济等同于海洋经济。主要在我国早期蓝色经济的研究中，认为蓝色经

---

① 崔功豪,等.区域分析与规划.高等教育出版社,2006:218.

济就是海洋经济或海洋经济的衍生形式。甚至有学者①更狭义地将蓝色经济定义为海洋资源的综合开发利用。②蓝色经济是一个经济学的概念。这种观点认为,蓝色经济是传统的海运行业与新生事物网络经济相结合,所产生的一个新的经济学。③将蓝色经济的内涵和外延相加,即把临海经济、涉海经济都纳入蓝色经济的范畴。将与海洋相关的经济学概念、产业开发以及区域发展结合起来,将产业经济学与区域经济学相结合的经济学,随着由海向陆的延伸,进一步突出了海陆统筹的发展理念②。

综合国内外主流观点,本研究认为蓝色经济应该是包括开发、利用和保护海洋相结合,并依托海洋资源及临海、涉海资源所进行的所有经济活动的总和,它高度重视海洋第一、二、三产业的协调发展,重视海洋资源的合理开发与保护,突出科技创新的支撑作用,强调海陆统筹和可持续发展,涉及海洋资源、生态环境、海洋产业、物流交通等领域,是一种全新的经济发展理念和发展模式。

(二)海洋经济

"海洋经济"(Ocean Economics)的概念最早是美国学者在20世纪70年代初提出的。2004年,美国海洋政策委员会定义"海洋经济"为对海洋具有直接依赖属性的经济活动,在生产过程中以海洋为输入,在利用海上或海底地理位置优势的经济活动③。20世纪80年代"海洋经济"一词开始引入中国,众多学者结合中国国情对其含义进行了阐述,形成了一些代表性的观点。潘义勇④(2001)指出,海洋经济是一种产业经济,它通过利用海洋空间、培育加工海洋资源,共同构成一系列包括海洋农牧业、海洋工业、海洋建筑

---

① 车亭.科学发展,推动"蓝色经济"新跨越[N].威海日报,2007-07-21(1).
② 郑贵斌.提升山东半岛蓝色经济区规划建设水平三个重要问题[J].理论学刊,2010,(1):32-35.
③ 孙斌,徐志斌.海洋经济学[M].山东教育出版社,2004(12):4-7.
④ 潘义勇,海洋产业与21世纪的中国经济[J].学海,2001(2):69-74.

业、海洋交通业、海洋商业、海洋信息业等产业。徐质斌(1995)[①]提出,海洋经济就是产品的投入与产出、需求与供给,与海洋资源、海洋空间、海洋环境条件直接或间接相关活动的总称。

海洋产业是海洋经济实现发展过程的主要载体。海洋经济的发展要通过人们的具体行为包括利用海洋资源和空间所进行的各类生产和服务活动才能实现[②]。海洋资源必须通过海洋产业才能转化为海洋经济。与此同时,不能忽视对海洋资源开发利用与保护相结合。按照国家海洋局公布的《海洋及相关产业分类》(GB/T 20794—2006)中对海洋产业的分类,海洋产业可以分为直接从海洋获取产品的生产和服务,如海水养殖和捕捞;对海洋产品进行加工或再加工,如水产品加工和深加工;依托或利用海洋资源、海洋空间所进行的生产和服务活动,如港口航运,滨海旅游;为开发和保护海洋资源、海洋环境而进行的各类服务活动,如海洋环保服务;利用海运原料和产品的工业,如临海钢铁工业;大量利用海水做冷却水的生产活动,如滨海火力电站等。具体包括海洋渔业、海洋盐业、海洋油气业、海滨砂矿业、海洋化工业、海洋工程建筑业、海洋生物医药业、海洋电力和海水利用业、海洋交通运输业、海洋船舶工业、滨海旅游业、海洋科研教育管理服务业等十几个主要海洋产业门类。

(三)蓝色经济与海洋经济的区别

对于蓝色经济与海洋经济的区别,国内外学者的观点大体上可以归纳为以下三种。[③]

观点一:"蓝色经济"即"海洋经济"。即把海洋经济直接称为蓝色经济,把海洋产业直接称为蓝色产业。该观点符合传统的"蓝色经济"发展脉络,是对海洋经济发展的一种延续和提升,强调海

---

① 徐质斌.海洋经济与海洋经济科学[J].海洋科学,1995(2):21-23.
② 王明舜.中国海岛经济发展模式及其实现途径研究[D].中国海洋大学,2009.
③ 刘康."蓝色经济"与"蓝色经济区"概念发展.海洋经济,2011,19(1-2):1-5.

洋新兴产业及高端产业的培育与开发，以及海洋生态环境保护的重要性，与陆地环境的"绿色"相对应，突出海洋环境的"蓝色"。该观点的优势在于界定简单，且易于操作，也符合国际理念，使地方决策更多地集中在区域发展政策上，而避免不必要的"蓝色经济"概念混淆。

观点二：将临海和涉海经济都归为"蓝色经济"范畴，将与海洋相关的产业开发与区域发展结合起来，突出海陆统筹。该观点是目前最为流行，也是各级政府部门所普遍接受的观点，但是在具体操作过程中存在很多需界定的问题，特别是关于"临海经济"与"涉海经济"的界定。由于"临海经济"属于一种区域经济概念，而"涉海经济"属于产业经济与区域经济相结合的概念，具体到哪些产业或经济活动属于"涉海经济"在理论上仍未有一个明确的说法，更谈不上现实中的界定问题，这造成"蓝色经济"界定在实践中不具备可操作性。

观点三：将"蓝色经济"在观点二基础上进一步拓展，将相关的社会、文化、贸易等问题纳入"蓝色经济"范畴，使"蓝色经济区"建设成为一个综合的社会、经贸、文化系统工程，形成一个区域发展综合体。由于这种观点所涉及的内容范围广泛，难以形成一个明确有效的概念框架，故认同者较少，但在一些地方的"蓝色经济区"规划中却得到不同程度的体现。

本研究认为，蓝色经济比海洋经济的概念更大，内涵更丰富。从概念范畴上来看，蓝色经济不仅包括海洋产业，还包括临海产业、涉海产业。从深层次来看，蓝色经济应以海洋经济为基础又不完全等同于海洋经济，它比海洋经济的范围更广，所包含的内容更多。它以海洋为媒介，统筹海洋与陆地、有形资源与无形资源，实现资源的有效配置，通过技术和制度创新使经济发展水平不断提升。与海洋经济相比，蓝色经济更注重海陆统筹和产业发展的高端、高质、高效，在更高层次上，追求生态保护和对软资源、软环境

17

的深度开发利用。从"海洋经济"到"蓝色经济"的转变,这其中更重要的在于人们对海洋经济价值认识的深化。(图2-1)

(1)蓝色经济强调海陆议题,强调二者经济体系之间的联系。

(2)蓝色经济强调海洋资源的科学化、集约化开发与使用,注重产业链构成中相关产业的协同关系。

(3)蓝色经济强调对外开放性的升级,摆脱单纯低层次加工贸易、港口—出口中转模式,实现以海洋产业为契机,整合外部要素与对外影响力,实现区域内生发展能力与对外开放能力二者间的有机互动。

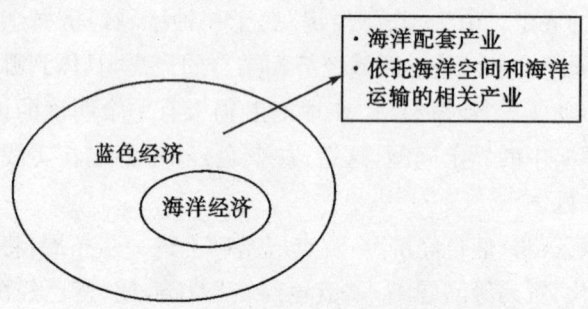

图2-1 蓝色经济:海洋经济的拓展与延伸

二、蓝色经济区

《山东半岛蓝色经济区发展规划》明确提出,海洋资源是蓝色经济区形成和发展的基础,在蓝色经济区域内,地域分工和海洋产业是必不可少的重要支撑,而蓝色经济区域内的自然生态、社会经济、科技文化等众多因素共同构成了蓝色经济区的发展要素。对于该定义我们可以从以下6个角度进行理解:

(1)蓝色经济区文化建设方面,主要应紧紧抓住区域内居民长期以来积淀下来的对海洋的深厚感情,应着重以海洋意识和海洋文化为特色。

(2)蓝色经济区经济建设方面,蓝色经济区是国家海洋经济发展战略实施的重点区域,而战略的实施离不开海洋产业发展这个重要载体,因此,应以海洋产业为支柱,辐射带动区域内其他相关产业发展。

(3)蓝色经济区可持续发展方面,蓝色经济区应该是一个生态文明示范区,应最大限度的维护海洋生态系统,在遵守海洋生态系统生存发展客观规律前提下,实现经济发展和环境保护的有机统一。

(4)蓝色经济区科技创新方面,科技是第一生产力,依此蓝色经济区建设必须以海洋科技为先导,提升海洋科技实力和水平,并最大程度实现科技向生产力转化。

(5)蓝色经济区对外开放方面,蓝色经济区紧邻海港,因此外向型经济、对外贸易依存度高。也是一个国家对外开放程度高、对外联系紧密的核心区域。

本研究认为,虽然海洋和海洋经济是蓝色经济区发展的基础要素,但又不等同于海洋经济区,主要表现在:

一是蓝色经济区所涵盖的空间范围比海洋经济区更大,不仅包括海洋经济区所包括的海域和海岸带区域,而且从空间上延伸到与海相连的陆地区域,更多强调海陆统筹的理念。

二是蓝色经济区比海洋经济区内涵更加丰富。不仅包含海洋开发利用,还包含了诸如生态文明、陆海统筹和城乡一体等更广泛的含义。

三是蓝色经济区产业门类比海洋经济区更多,我国海洋经济区主要包括与海洋直接有关的产业门类,而蓝色经济区不仅包括海洋产业,而且包括涉海产业、临海产业,其内涵和产业门类更加丰富。

三、蓝色经济发展与蓝色经济区建设

(一)蓝色经济发展

早在2009年,国际上不同专家学者就对蓝色经济发展提出自己的看法和观点。联合国教科文组织政府间海洋学委员会主席扎维尔·瓦拉戴尔斯对蓝色经济发展提出了总的发展方向,他认为,蓝色经济要发展,必须保持平衡的可持续发展的模式。IUCN(2009)①则从金融危机和海洋生态危机的角度,研判蓝色经济的发展,通过对金融危机警示分析,强调事前预防,倡导以预防为主的蓝色经济发展模式。Kidlow(2009)②则强调不同行为主体,如州政府、联邦政府和当地社区,都应当积极参与到蓝色经济支持行动中,共同承担起发展蓝色经济、建设蓝色经济的重任。

对蓝色经济发展建设的具体实施方案,国外专家学者和研究机构主要围绕以下几个方面展开:

(1)设立蓝色经济管理机构,坚持生态保护管理。以美国为例。美国国家海洋和大气管理局(NOAA)作为国家海洋管理机构的作用被不断强化,不仅增加他们的部门预算,还建立专门法律明确 NOAA 的责任和任务;在管理方式上不断创新,整合不同部门海洋生态服务事项,合理布局海洋空间规划,以生态保持为基础规范海洋和沿海开发行为(Rockefeller,2009;Cantwell,2009;Lubchenco,2009)。

欧盟委员会建立了欧盟海域空间规划系统,部署欧盟空间规划路线图,对各成员国海洋空间内的经济活动进行统一部署与调控、综合管理,同时,鼓励各成员国制定各自国家海域空间规划。各成员国都须制定各自国家的综合性海洋政策,并通过由欧盟委员会构建的国家间的经验交流网络体系互相交流;建立覆盖欧盟的海洋观测与数据网络体系(EMODNET),推动建设综合的海洋

---

① IUCN(International Union for Conservation of Nature). Prescription for a blue economy [N]. IUCNNEWS, May6, 2009.

② Kildow J T, Mellgorm A. The importance of estimating the contribution of the oceans to national economies[O/J]. marine policy. Elsevier, 2009, doi:10.1016/j.ma-pol2009.08.006.

监测网络。

(2)加强技术创新、机制创新,并使之与政策协调一致。2009年,联合国教科文组织政府间海洋学委员会(IOC)主席Valladares提出,蓝色经济发展中不可缺少技术和人力资本要素,尤其是在全球海洋观测系统的数据收集和海洋气候监测中,这两个要素作用尤为重要。IUCN(2009)[①]指出,生态系统管理是蓝色经济健康发展的保证,包括远程监督生态系统和人类活动、对无管制和管制活动的环境评估,以及扩大海洋研究和环境评估,通过这些手段,增进人们对生态系统联系及影响机制的认知等。与此同时,该组织还倡导以碳税和二氧化碳排放量交易计划的资金为来源建立保护公海的筹资机制(IUCN,2009)[②]。除此之外,蓝色经济发展还需要考虑海陆政策的协调问题(Cousteau,2009),毕竟海洋和与之相连的陆地是密切联系的,所涉及的能源、运输、气候变化、基础设施建设、农业和城市发展政策也必须协调一致。

(3)推进蓝色经济发展的国际协调。海洋是联系国与国的重要纽带。蓝色经济的健康发展必须建立全球协调机制。这其中不仅包括相关国际组织的建立、全球海洋保护区的网络建立和评估,还包括联合国要参与全球蓝色经济管理并对专门的海洋机构及成员国监督和问责;扩大跨越全球的海洋保护区网络、提升全球海洋技术水平等(IUCN,2009)[③]。

(二)蓝色经济区建设

作为区域经济发展的载体支撑,蓝色经济区已成为各国培育区域经济新的增长极、实施蓝色经济发展战略的重中之重。伴随

---

① IUCN(International Union for Conservation of Nature). Prescription for a blue economy [N]. IUCNNEWS, May6, 2009.

② IUCN(International Union for Conservation of Nature). Prescription for a blue economy [N]. IUCNNEWS, May6, 2009.

③ IUCN(International Union for Conservation of Nature). Prescription for a blue economy [N]. IUCNNEWS, May6, 2009.

着国内外蓝色经济区发展规划的制定和发展战略的不断推进,蓝色经济区建设过程中各类问题的研究和探讨也在不断深入。

本研究认为,蓝色经济区建设是一个广泛意义上的概念,它不仅包括涉海资源利用、空间开发,还是一个系统创新、可持续发展和陆海统筹发展的战略。建设蓝色经济区首先要制定一整套陆海一体化发展规划,在此基础上,形成合理的产业布局、通过实施海洋经济可持续发展战略,使沿海和临海地区经济资源优势互补,互为依托,最终实现海陆统筹、共同发展。

蓝色经济区建设过程中,首先要提高可以直接利用的海洋资源的使用效率,将科技创新、产业结构布局调整和生态环境保护有机结合起来,对陆海产业结构进行转型升级。

其次,工作的重点应放在研发、设计、服务等高端、技术含量高的产业方面,并为区域发展提供必要的技术、人才、资金等保障,提高区域发展软环境水平。

第三,构建合理的产业布局,积极推动海洋装备制造、零部件配置、专业知识服务等产业向内陆地区转移和发展,使蓝色经济区成为结构优化、产业集聚的区域。

第四,拓展并不断创新陆海统筹发展实现的合理模式,建设开放式、多功能的蓝色经济区生态系统。包括统筹海陆生态环境、科学技术、城市建设"三位一体"的发展,统筹海洋经济、涉海经济和沿海经济发展,统筹海陆基础设施建设等。

第三节 海洋资源开发相关理论

一、海洋资源的定义及分类

人们对海洋资源的理解随着技术的进步以及人类对海洋认识

第二章 青岛蓝色经济区建设的基本理论研究

水平的提升而不断向前发展。狭义上讲,海洋资源指的是在海水中生存的生物、溶解于海水中的化学元素和淡水、海水中所蕴藏的能量以及海底的矿产资源①。这些都是与海水水体有着直接关系的物质和能量。广义的海洋资源,除了上述能量和物质外,还包括港湾、航线、景观、海洋风能、海底地热、海洋空间乃至海洋纳污能力等②。

综合海洋资源的狭义和广义内涵,可将海洋资源定义为"海洋所固有的或在海洋内外应力作用下形成并分布在海洋地理区域内的、可供人类开发利用的各种自然资源的总称"。根据海洋资源的自然属性不同,可分为三类,即海洋物质资源、海洋空间资源和海洋能源。其中,海洋物质资源是海洋中存在的所有可以利用的物质,包括海水及其中的各种化学物质、海底沉积的各种矿物资源、生活在海洋中的生物、微生物;海洋空间资源是可供人类利用的海洋三维立体空间,由三部分组成,即连续水体、大气圈空间和下伏海底空间;海洋能源主要来自于海水直接和间接吸收太阳辐射,以及天体对地球和海水的引力随时空发生周期性变化而产生的势能,是蕴藏于海水中的能量。对海洋资源在三大分类的框架下再进一步细分,就可以总结为下图(图2-2)。

在实际应用中,海洋资源还可以按照其他的分类方法进行分类,比如,按有无生命可分为海洋生物资源和海洋非生物资源;按能否再生可以分为海洋可再生资源和海洋不可再生资源。

---

① 楼东,谷树忠,等.中国海洋资源现状及海洋产业发展趋势分析[J].资源科学,2005(5):20-26.

② 张耀光,韩增林,等.海洋资源开发利用的研究——以辽宁省为例[J].自然资源学报,2010(5):786-792.

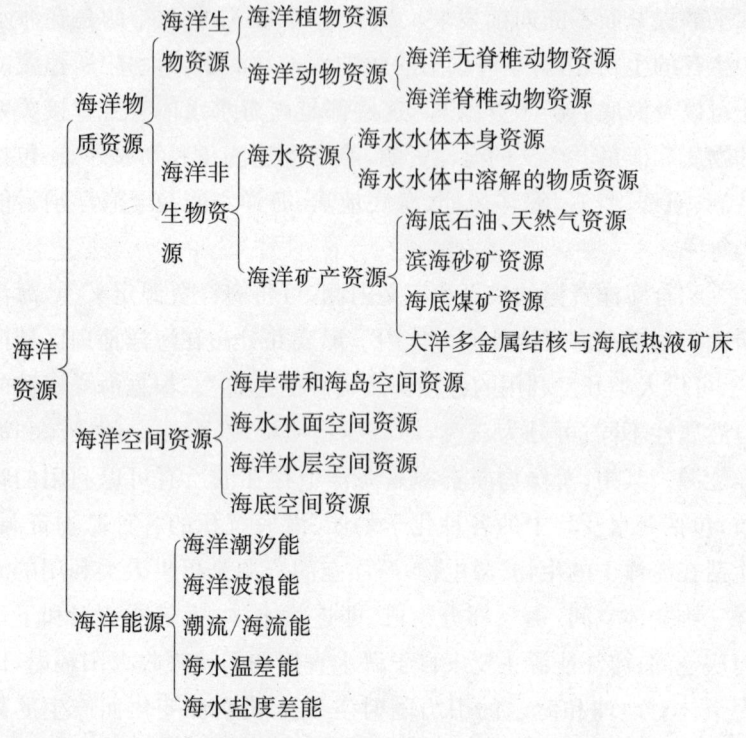

图 2-2　海洋资源分类①

二、海洋资源特性及对海洋经济发展的启示

(1)海洋是一个连续且相互贯通的有机整体,海洋及其经济类型具有整体性特征。连续性和贯通性是海洋水体的本质特性,这一特性使海洋的海岸带、海区和大陆架相互连贯,也使一个国家的领海、专属经济区和公海相互连通,由此不难得出下面的结论,即海洋资源的开发利用具有相互依赖性。这就要求我们在从事海洋开发活动时要有大局观和整体意识,海洋经济的发展必须将社会

---

① 徐敬俊,韩立民."海洋经济"基本概念解析.太平洋学报,2007(11).

第二章 青岛蓝色经济区建设的基本理论研究

整体利益与环境利益置于个体利益之上,要在保证社会整体利益和环境利益的前提下,尽可能实现个体利益的最大化。

(2)海水介质具有三维性,即同一水域,海面可以航行,海面下可以牧渔养殖,海底可以采矿。海水介质的三维性决定了海洋经济必须是一个多层次、复合型的综合经济体。对海洋资源开发过程必须系统科学规划、综合立体化开发利用,尽最大可能避免海洋资源的浪费。

(3)海洋资源的开发比陆域资源的开发具有更大的风险。海洋资源开发具有不确定性,任何复杂的海域特点和恶劣天气等都会对海洋运输和远洋捕捞产生较大的影响。这同时决定了多数海洋开发活动的高风险性和高收益性以及技术与资金密集性,对海洋开发主体的综合实力提出了更高的要求。

(4)海洋资源的产权性质复杂,不同的海洋资源表现出不同的产权特性。有的海洋资源具有公共物品属性,如海水资源,既具有非竞争性,又具有非排他性;有的海洋资源具有共有资源属性,如海洋渔业资源,其消费不具有排他性,只具有竞争性;有的海洋资源具有公共设施属性,如海水浴场,具有消费的排他性和非竞争性。由此可以看出,多数海洋经济活动兼具公益性与经济性特征,而海洋资源复杂的产权特性决定了在开发海洋资源、海洋产业发展与空间布局过程中,市场机制的作用是有限的,必须使用政府的行政手段加以干预,或者采取必要的法律手段,通过市场和政府两方面进行双向调节。

(5)有些海洋资源具有可变性,如果过度开发就会导致资源衰竭,如海洋矿产、海洋生物等。而某些海洋资源恰恰相反,在原先资源匮乏的海域,通过实施一些保护措施,生态环境得到改善,这些资源又能逐渐丰富起来,如渔业资源。这些决定了对海洋资源的有效保护是开发利用海洋资源、发展海洋经济的基本前提。

(6)海洋的连通性和流动性,决定了海洋经济具有跨地域特性。由于海水水体是流动的,通过流动的海水可把不同区域的海洋开发活动联系起来,即在特定区域内对海洋资源的开发利用,极有可能不仅影响本海域内自然生态环境和经济效益,通过海水流动还会波及邻近海域或者更大范围的区域,使其生态环境和经济效益受到影响。与此相同,海洋事务也具有明显的国际化特征,通过海洋的连通性和流动性、海洋环境的全球性,解决海洋事务问题必须广泛开展诸如海洋生物资源保护国际合作、跨国界海洋环境保护合作等不同层面上的国际合作。

(7)海洋资源的有限性。随着人类对海洋资源的需求不断扩大,大规模开发利用海洋已成为常态。在这种态势下,海洋资源的相对有限性显现,有些甚至到了稀缺的程度。再加上人类的科学技术水平有限,不能将所有海洋资源充分利用。当然,这种稀缺性不是所有海洋资源都存在,而是主要表现在某些海洋资源和作为某种用途的资源的稀缺上。但随着科学技术不断进步,开发利用海洋资源的手段和途径不断扩大,可以预期,有些有限的资源将会获得无限的生产潜力。当前未知的或不可利用的海洋资源也会转入可利用资源行列。海洋资源的有限性要求我们放眼于全球海洋经济发展,积极参与国际海洋开发事务,根据海域自身的条件,因地制宜地合理利用海洋资源,以取得海洋利用的最佳综合效益,最大限度地维护国家海洋权益。

三、海洋资源开发赋予蓝色经济的新内涵

新时期"蓝色经济"具有更广泛的含义,包括时间和空间两个角度,时间上强调海洋经济的长远可持续发展,空间上则强调海洋以及海陆经济布局的调整优化,这些都是对以往海洋经济发展诸多思想的提升①。由于新的海洋时代赋予"蓝色经济"新的内涵,从

---

① 姜旭朝,张继华,林强. 蓝色经济研究动态. 山东社会科学,2010(1):105-109/114.

而造成了对"蓝色经济"内涵的不同解读,但基本上体现了对海洋经济概念的优化和拓展,主要概念立足点建立在海陆整合基础上,贯穿了陆海经济统筹、海陆环境协调发展等先进理念,具体表现在[①]:

一是海陆统筹联动。海洋与陆地在空间上相互衔接、产业相互渗透,发展蓝色经济需要以海陆统筹联动和海陆一体化为基础。应充分发挥海洋资源和陆域资源在海陆经济联动发展中优势,使优势互补,消除制约经济发展的"瓶颈"。

二是科技创新支撑。科学技术发展有其自身的规律,在发展蓝色经济过程中,必须把握和遵守客观规律,在此基础上,在一些先导性、关键性领域寻求突破,追赶当今国际海洋产业技术发展的前沿;同时,努力构建科研成果与产业需求有效对接的快速通道,通过企业、高校和科研院所共建产学研基地等方式,促进海洋科技成果快速转化。

三是高端产业带动。发展蓝色经济必须突破传统的技术线路和产业发展路径,这就要借助现代科学技术,对第一、二、三产业进行重新优化升级,以科学技术为重要推动力,不断提高先进技术对海洋传统产业的渗透能力,打造一批拥有自主知识产权的先进技术和产品,推进产业向高端迈进。对目前已有较好基础的领域,应加快与世界先进水平对接,培育一批在国际上有影响力、有竞争力的优势产业。

四是开发保护并重。进一步提高全民保护海洋意识,对已遭到污染的海域积极治理和修复,使其不再受到损害。对海洋的开发必须遵循客观规律,防止过度开发导致海域生态环境无法修复。完善海域环境评价制度,建设海洋自然保护区和海洋特别保护区,使发展水平与海洋生态环境承载力相适应,实现人类与海洋和谐

---

① 郑贵斌.中国海洋经济研究文集.海洋出版社,2013.

共处。

  五是开放合作共建。按照国际通行规则,在平等互利的基础上,加强与有关国家与地区海洋科研机构、企业的合作。海洋是一个开放的循环体系,加强与国内沿海城市的分工与协作,建立新型科技合作和产业发展模式,共同提高海洋科技创新能力。

第三章 国际蓝色经济区建设经验及借鉴

第一节 主要发达国家蓝色经济发展和蓝色经济区建设的经验

一、美国

2009年,奥巴马政府提出了在海洋产业发展方面要提高美国海洋能产业的国际竞争力,2009~2013年,美国大力发展海洋能产业,海洋可再生能源已成为引领美国未来发展的朝阳产业。另一方面,美国政府加大对海洋药物研制的支持力度,鼓励海洋生物产业的投资,花费大量资金对海洋生物工程和海洋生物环境研究给予补助。

早在1972年,美国就颁布了《海岸带管理法》,这是世界上最早实行海洋综合管理的立法。此后又相继出台了《国家环境政策法》、《渔业保护和管理法》、《深水港法》、《国家海洋污染规划法》等法律。除此之外,美国沿海各州也积极出台本州的海洋法律,如马萨诸塞州就在2008年出台了州《海洋法》。

美国十分重视海洋环境保护政策,包括两部分,即海岸带环境保护和海洋资源环境保护。其中,海岸带环境保护管理措施主要包括:加强海岸带与流域管理;保全并恢复海岸带生境;实施政府湿地保护计划,培育地方性恢复项目等。对于海洋资源环境保护而言,主要管理措施包括:推动珊瑚礁与深海珊瑚的保护,加强对深海珊瑚的研究、调查与保护;加强对海洋哺乳动物、鲨鱼和海龟的保护;改进海洋保护区管理,协调并更好地整合现有的海洋保护区网络,制定国家海洋公园发展战略等。

在海洋综合管理方面,美国政府于 2004 年发布的《海洋行动计划》中明确了海洋综合管理方法,鼓励联邦政府与地方政府之间以及相关部门之间的协调与合作,建立了新的联邦跨部门海洋政策委员会,以更好地整合与协调现有的海洋管理区内的网络体系与管理体制。

二、欧盟

在海洋产业发展方面,欧盟海洋政策的重点之一是海洋产业可持续发展,其行动计划要点是通过多产业部门的集聚发展来提升海洋产业的整体水平与竞争力,促进海洋产业集群发展,形成区域性海洋人才中心,以此推动欧盟海洋产业集群网络建设。2005年,包括丹麦、芬兰、法国、德国、意大利、荷兰、挪威、波兰、瑞典和英国在内的 10 个欧盟国家海洋产业集群组织设立了欧洲海洋产业集群网络,共同建设一个共享平台,用于各国之间的交流与合作。

在海洋环境保护领域,欧盟努力保持在碳存储技术领域的世界领先地位,并采取示范行动,减少气候变化对沿海地区的影响,积极支持国际社会为减少船舶大气污染和温室气体排放所做出的努力。2005 年,欧盟委员会发布了《海洋战略框架条例》,要求最迟到 2012 年改善各国的海洋环境状况。

在海洋综合管理方面,2007 年欧盟委员会发布了《欧盟综合海洋政策》蓝皮书,正式提出了海洋资源的综合管理战略。该战略主要包括三方面:一是推进海洋空间稳定与安全的海洋监控体系建设;二是推动海洋可持续发展决策的海洋空间规划;三是建立一个相互兼容、多维成像的成员国海域数据信息系统。

三、加拿大

在海洋产业发展中,加拿大海洋与渔业部采取行动,积极和其他联邦政府部门合作,一是推动包括近海油气和矿产开发、船舶制造等在内的海洋产业可持续发展,确保海洋运输的有效性和安全性。二是推动新兴海洋产业、未来海洋产业发展以及临海开发活动的开展。三是通过相互合作与协调,支持海洋部门的产业化发展,审核现有的规章制度,确保环境得到有效的保护与规制相互协调。

在海洋法律法规方面,加拿大已形成了一个以联邦法律法规和省法律法规相结合的海洋法体系。联邦政府颁布了《加拿大海洋法》、《加拿大环境评估法》、《渔业法》、《领海和渔区法》、《北冰洋管理法》、《大陆架法》、《海洋倾废法》、《防止北极水域污染法》、《航运法》等多部法律法规。地方政府立法则以沿海开发活动管理为主,包括沿海渔业、陆源污染控制、海岸带保护区建设以及沿海油气与近海油气资源合作开发等。

在海洋环境保护领域,《加拿大海洋法》的实施明确了联邦政府在海洋环境管理中的作用,特别提出了要统筹考虑海洋环境保护与海洋开发活动来维护海洋生态系统的健康。其中,《海洋保护区计划》、《海洋生态系统健康计划》与《海洋综合管理计划》一起成为《加拿大海洋法》倡导的三大海洋政策动议。为此,《加拿大海洋战略》提出了预防海洋污染和保护海洋环境两大战略导向。

在海洋综合管理方面,加拿大联邦政府采用生态系统管理及预防性手段等国际主流区域海洋综合管理方法,并通过《加拿大海洋法》、《海洋战略》以及《国家海洋保育区法》等法律文件加以制度化。同时,这些法学理念也成为包括新思科舍省、不列颠哥伦比亚省等地方政府区域海洋管理的指导性原则。生态系统管理原则是《加拿大海洋法》中明确提出的海洋综合管理原则,明确了生态系统管理方法是维护海洋生物多样性和海域生产力的重要手段。

四、澳大利亚

在海洋产业发展方面,澳大利亚自 1997 年开始实施《海洋产业发展战略》。澳大利亚联邦海洋产业与科学委员会确定了八大领域作为澳大利亚未来海洋产业发展重点:一是养殖业;二是新兴产业,包括海洋生物技术、替代能源与海底矿产;三是现代渔业,包括近海、远洋和国际水域渔业;四是近海油气业;五是船舶制造;六是海洋航运服务,包括新型高速货运系统的发展;七是高技术产业及服务业,包括海洋仪器装备、工程设计与环境管理;八是滨海与海洋休闲旅游业。着眼于长远发展,澳大利亚政府不仅为其海洋新兴产业培育提供了财政资金支持,还出台了一些导向性的政策与规制,为海洋新兴产业发展提供了一个良好的管理环境。

在海洋法律法规方面,澳大利亚联邦和各州颁布了《海洋和水下土地法》、《澳大利亚海洋法》、《海岸带管理法》、《海洋保护法》等 32 项法律规范。

在海洋环境保护领域,澳大利亚是世界上最早提出国家海洋保护区代表系统的国家,早在 1991 年就出台了《海洋拯救计划 2000》,目的是通过《国家海洋保护区代表系统建设计划》建立并管理一个综合的、充分的和典型的海洋保护区系统,保持海洋与河口系统生态稳定性,保全澳大利亚海洋生物多样性。

在海洋综合管理方面,1998 年,澳大利亚《海洋政策》提出了生态系统管理框架,成立了国家海洋办公室,专门负责区域海洋规划及其综合管理。澳大利亚基于大海洋生态系的区域海洋规划将部门经济利益与环境保护需要有机地结合起来,管理目标包括:确保持续的海洋生态系统健康,保护海洋生物多样性,推动多样化的、强大的与可持续的海洋产业发展,为所有海洋利用者提供更高的确定性和长期的安全性,确保海洋保护区代表系统的建立以及实施多用途海洋综合规划与管理。

五、日本

在海洋产业发展方面,2007年,日本《海洋政策基本法》提出要大力推动日本的海洋资源开发,政府采取必要措施对渔业资源进行保护与管理,包括对海洋动植物群落生境的保全与改善以及提高渔场生产力。同时,建立相关组织机构,推动石油、天然气及其他海洋矿产资源,包括海床及海底锰结核和钴结壳资源的开发。此外,日本政府十分重视对海洋空间的利用,实施了包括海上人工岛、海上机场、海上港口、跨海大桥、海底隧道、海洋能源基地和海洋牧场等在内的众多海洋工程建设。

在海洋法律法规方面,日本制定了《海岸法》、《共有水面填埋法》、《港湾法》、《沙砾开采法》等多部法律,并于2007年正式发布了《海洋政策基本法》。

在海洋环保领域,日本采取必要的海洋调查活动,包括了解海洋状态、预测海洋环境变化的调查,争取建立海洋观测、监测、测量及其他必要的海洋调查系统;采取措施预防海洋自然灾害。此外,日本注重通过开发海洋生态修复技术的促进海洋生态建设。日本的海洋生态修复技术包括以人工种植海藻为代表的"海底森林"培植技术、在渔港内人工设置构造物以改变水动力条件的海洋生态修复技术,以及将堤坝改造成"亲水护岸"的海洋生态建设技术等。

在海洋综合管理方面,《海洋政策基本法》指出,要在内阁建立由总理牵头、各部部长参加的海洋政策本部,负责制订与实施海洋基本规划,并与相关管理机构就海洋基本规划实施措施进行综合协调,以及与其他相关海洋规划、对策建议与措施的协调事务。实施海岸带综合管理,加强对海岛的保全;保护海岛岸线,确保海上运输安全;建立海洋资源开发基础设施,保护周边海域的自然环境,切实维护好海岛居民基础设施。

第二节 蓝色经济区规划建设中政府的作用

在蓝色经济区规划中,政府作为一个重要的利益主体,其参与度以及不同层级政府间的合作和利益协调直接影响着规划具体方案的设置和操作实施。本书以美国、加拿大和澳大利亚三国为例阐述政府参与海岸带管理规划的方式。

一、美国

美国的海岸带管理规划是一种典型的联邦政府和州政府合作参与的模式。美国的海岸带管理规划通过国家海岸带管理计划(CZMP)进行,该计划由美国国家海洋与大气局、海洋和海岸资源管理办公室负责组织实施,美国沿海和沿湖各州可自愿参加。联邦政府在美国海岸带管理系统中的作用主要通过技术和资金支持,影响州和地方政府的海岸带管理规划,并通过联邦法律对海岸带某些方面的问题进行直接的联邦管理。同时,美国通过多种措施促进联邦政府、州政府和地方政府间的合作,并鼓励各州根据国家海岸带管理的目标提出自己的管理范围、侧重点、管理架构和权限,在此基础上制订本地区专项的海岸带管理规划,积极参与和合作管理国家的海岸带资源。到 2002 年,美国共有 34 个州和地区(包括 29 个沿海州和 5 个海岛地区)加入了 CZMP,实行海岸管理的海岸线和大湖区湖岸线长达 95 331 英里,覆盖美国 99% 的沿海岸线和五大湖岸线。但由于美国没有专门的海岸带管理机构或国家层面的海岸带战略来指导联邦政府的行动,缺乏一个协调联邦行为的框架,这种联邦职权的分散化经常导致部门目标的不一致。

二、加拿大

加拿大海岸带管理规划与美国、澳大利亚的相同之处在于海岸带管理的法定责任也是由联邦政府和省政府共同承担的。同时,针对海岸带发展和特殊资源管理压力的增大,联邦政府还发起制定了国家海岸带计划,1978年的加拿大环境资源部会议上通过了海岸带管理(更确切的是海滨管理)十项原则将这一计划具体化。另外,为了协调联邦政府在海滨规划及海滨相关问题上的政策和行为以及促进联邦和省之间的合作,加拿大还设立了联邦海滨计划(FSZP)和部门间的海滨工作小组(ISZWG)。

三、澳大利亚

澳大利亚的海岸带管理规划是由地方政府、州政府和联邦政府通过一个共同的、非等级性的联邦宪法体系共同参与。由于各级政府在海岸带管理中的非等级性和合作性,联邦政府、州政府和地方政府之间表现为一种"球形"而非"水平"关系。联邦政府在海岸带管理上拥有相对较少的专有宪政权力,而且与美国不同的是,联邦政府在联邦驻地以外不再另设机构,但它可以对各州的决策施加较大的影响,任何违背联邦法律的州法律都是无效的。

第三节 蓝色经济区区域及中心城市的功能定位

蓝色经济区的主体功能是体现经济区特色化发展和区域核心竞争力的基础性要素。在国外蓝色经济区建设中,美国旧金山湾区是一个综合性的蓝色经济区,它集经济发展、金融服务和文化、都市功能于一体,构成美国第五大经济圈。同时,旧金山湾区也是世界最具竞争力的经济区之一。一般地,区域内不同中心城市具有各自独特的功能定位,如圣弗朗西斯科是湾区的文化和金融中心,奥克兰是主要的生产配送中心和铁路枢纽,南湾城市则依托硅谷的高技术产业和创新研发环境逐渐发展成为高技术企业的集聚地,这些城市基于不同的功能共同发展,成为湾区经济发展的主要支柱。

美国德克萨斯州则是一个典型的海港区,区域内汇聚着加尔维斯顿、休斯敦、萨宾港、科帕斯克里斯蒂、亚瑟港等重要港口,该地区的商业和制造业发展主要是基于港口产业的推动,港口和相关产业发展是区域经济增长的核心支柱和经济区内居民生活的基础性保障。德克萨斯海港区的功能定位是在长期的历史发展中自发形成的。在德克萨斯地区,每一个港口都拥有自身特定的文化,并且基于区位优势和优势资源形成了特色化的发展路径。例如,位于墨西哥湾加尔维斯顿西北岸的休斯敦港是目前美国第二国际商港和世界第六的能源与商贸港口,同时也是美国第一家和世界首批"绿色"港口。区域内不仅有高度发达、进出口便利的现代化国际贸易港口,而且拥有高度发达的加工制造、运输服务、金融、高科技等行业。休斯敦海港区的发展与繁荣主要得益于该地区发展港口产业的区位优势和优越的建港选址条件以及政府对港口发展的政策支持。一方面,休斯敦港位于美国墨西哥湾沿岸的中央,拥有成为美国西部和中西部货物进出口门户的巨大潜力,且该地区常年受墨西哥湾季风的影响,气候温和,雨量适中,极少遭遇破坏性强的飓风袭击;另一方面,1914 年休斯敦船舶运河工程(Houston Ship Channel)的竣工、1996 年美国水资源发展法的出台,为该地区航道质量的改善、船舶运河拓宽疏浚提供了前提和强有力的法律支持,为港口竞争力的提升提供了政策保障。

第四节　不同层面蓝色经济区建设经验

一、国家层面：以韩国、越南为例

（一）韩国的"西海岸开发计划"

韩国西海岸地区包括仁川、大田、光州三个直辖市和京畿道、忠清南道、全罗北道、全罗南道四个道，总面积近3万平方千米，占韩国土地面积的29.4%。1990年区内人口达1 680万，占韩国当年总人口4 352万的38.6%。西海岸是韩国重要农业区，在韩国工业化过程中作出了很大贡献，但是由于多年缺少投资，成了欠发达地区。1987年，西海岸地区人均GNP只相当于全国人均GNP的77%，工业及生活基础设施也低于全国平均水平。由于西海岸地区经济发展缓慢，产业结构不合理，收入偏低，导致人口流失严重。该地区平均每年有50万人移向首都圈，特别是全罗南道和全罗北道，1970年和1985年的人口增长率分别为－0.3%和－0.5%。到20世纪80年代中期，韩国东西部经济发展失衡状态日益明显，由此引发了一系列政治、经济和社会问题。

韩国西海岸隔黄海与中国遥相呼应，通过第二欧亚大陆桥可以联结中亚和欧洲。因此，开发西海岸既能促使东西部均衡发展，又能使韩国经济进一步走向世界。"西海岸开发计划"是卢泰愚1987年竞选总统时提出的，是"六大经济战略计划"的重要组成部分。卢泰愚担任总统后，责成建设部和国土开发研究院讨论"西海岸开发项目"，于1988年组建了"西海岸开发推进委员会"，由国务院总理姜英勋担任委员长，并于当年10月份公布了西海岸开发计划，后经过调整，于1989年10月正式确定了西海岸开发项目，成为西海岸开发建设的里程碑。

1989年,韩国西海岸开发促进委员会根据国土开发研究院的研究论证,确定了136个开发项目,总投资额为22.3万亿韩元(合300多亿美元)。为防止低层次产业在西海岸地区的重复建设,韩国政府提出:必须将西海岸地区的开发建设纳入国家产业结构调整的总体规划来考虑。为此,韩国政府除了在第三次国土开发战略中确定了西海岸开发的基本原则以外,还针对西海岸地区经济的特殊发展条件,为西海岸合理开发进行了详细的政策规划。

按照国土开发计划中确定的土地利用分区计划,韩国政府将土地分为五大类:城市用地、半城市用地、农村用地、半农村用地和自然环境保护区。由于国土开发计划是以内陆土地为主要对象,用于沿海地区开发时,就不能有效地协调沿海地区不同用途的土地之间的矛盾。为此,韩国政府特别将沿海地区的开发利用进行了分区规划,把韩国沿海5 144平方千米的海域和282千米的海岸线划归自然环境保护区,将608平方千米和1.5平方千米的沿海海域划为城市开发区和半城市开发区。

在对沿海地区土地用途进行初步分类规划后,为了确保在西海岸开发中土地的合理开发计划有效实施,韩国政府相关部门从20世纪80年代后期到90年代,就西海岸开发过程中的产业定位、投资融资和生态保护等方面陆续制定了多项政策法令。1988年,行政自治部根据《岛屿开发促进法》(1986)实施"岛屿综合开发计划",制定了《边远地区开发促进法》(1988),提出促进"边远地区综合开发事业"。1994年,农林部发布了《农渔村整治法》,实施"定住圈开发事业"和"文化村建设事业",促进西海岸地区的农、渔业发展和小城镇培育。

为了保障第二产业在韩国西海岸的科学布局与合理发展,避免东南沿海开发时期所出现的产业过度集聚和重复建设等问题,在建设部发布的《重新划分工业布局的计划》(1986)基础上,1990年,韩国贸易工业部和交通运输部联合制定了《制造业产业布局与建设促进法》，同时，韩国交通运输部还发布了《产业选址和开发促进法》，通过这两部法案对西海岸开发的产业布局和开发进行政策规划。1999年，韩国海洋事务与渔业部又颁布了《防止海域污染法》，从立法上防止沿海开发中所造成的海域污染问题。除了对产业布局和海域污染防治等大的战略问题进行立法规划和管理以外，政府对沿海具体区位的管理进行了详细的规划，对可以进行的开发活动以及禁止或限制行为，各相关部门都作出了明确而具体的条例规定。

除了制定详细的产业发展政策以外，为保障西海岸开发所需资金，韩国政府制定了相关政策吸引民间资本和中小企业投资者加入。1994年，韩国颁布了《关于地域均衡开发及地方中小企业育成法律》，引入对落后地区的开发制度——"开发促进地区制"。为了在基础设施的建设中扩大民间资本的参与，制定了《民资引进促进法》，并设立地区开发基金，采取多种筹资形式弥补资金不足的问题。

(二)越南沿海经济区发展规划

2008年9月，越南政府批准了《至2020年越南沿海经济区发展规划》，旨在通过建设经济带，促进越南整体发展尤其是越南海岸沿线贫困地区的发展。该方案提出了在越南建设15个沿海经济发展区的发展计划，并对越南北、中、南三大地带优先建设的沿海经济区及其发展方向进行了规划设想，提出北部的"云屯经济区"将建成面向东北亚、为北部湾"两廊一带"发展服务的经济区；中部的"永昂经济区"和"云峰经济区"将建成为"东—西"和"北—南"经济走廊发展服务的经济区；南部"富国经济区"将建成连接东盟地区，进行经济一体化合作的经济区。

同时，规划还对本国沿海经济区分阶段的发展计划进行了具体安排，越南沿海经济区的规划发展主要分两个阶段进行：2010年前规划建设14个海洋经济区(南根经济区除外)，该阶段的主要任务在于规划方案的进一步细化和经济区建设环节各项现实问题的具体落实,如各海洋经济区重点建设项目的投资方案、投资渠道的拓展、融资机制等;2010年以后的发展任务主要是南根经济区的建设和根据发展计划的调整对已建设海洋经济区的后续投资。另外,规划中还对沿海经济区发展的机制和政策、不同机构和部门(包括规划和投资部、其他机构部门以及地方性管理机构、经济区管理委员会、企业等)的权责,以及规划实施过程中的年度评估等作了具体规定。

表 3-1 《至 2020 年越南沿海经济区发展规划》中
规划建设的海洋经济区

海洋经济区	所在区域
云屯(Van Don)经济区	广宁省
亭宇—吉海(Dinh Vu-Cat Hai)经济区	海防市
宜山(Nghi Son)经济区	清化省
义安省东南海洋经济区	义安省
永昂(VungAng)经济区	河静省
罗岛(Hon La)经济区	广平省
云脚—姑陵(Chan May-Lang Co)经济区	承天—顺化省
朱来(Chu Lai)开放经济区	广南省
榕桔(Dung Quat)经济区	广义省
仁会(Nhon Hoi)经济区	平定省
富安南部经济区	富安省
云峰(Van Phong)经济区	庆和省
富国(PhuQuoc)经济区	坚江省
定安(Dinh An)经济区	茶荣省
南根(Nam Can)经济区	金欧省

资料来源:2008 年 9 月 23 日越南政府关于《至 2020 年越南沿海经济区发展规划》的决议(Decision No. 1353/QD-TTg of September 23,2008)。

二、区域层面：以菲律宾为例

针对区域渔业资源过度捕捞、物种关键栖息地破坏导致的渔业不可持续性、旅游业潜力下降等问题，菲律宾林加延湾（Lingayen）的海岸带管理规划采用一体化的规划思路，将该地区海岸带发展中面临的各类问题及其影响与相应的项目连接起来，通过问题间的联系、项目间的联系以及项目与所解决问题间的联系将海岸带管理整合成一个系统，并分别从渔业管理、捕鱼者多元化的谋生方式、水产养殖业发展、环境质量管理、关键栖息地的修复改善、关联栖息地的修复、海岸带分区、制度发展 8 个方面确定了一系列海岸带管理的规划项目。如表 3-2 所示。

表 3-2　菲律宾林加延湾海岸带管理规划项目

项目分类	具体项目
渔业管理	以建立公共资源管理为目标的渔民市政管理与组织 渔业管理监管体系的建立 渔业管理技能的提高
捕鱼者多元化的谋生方式	龙舌兰生产 花生生产 制盐 合乎环境要求的水族观赏渔业
水产养殖业发展	Pangasinan 省 Binmaley 地区鱼塘咸水渠系可行性研究 海藻养殖 深海网箱养殖 牡蛎养殖
环境质量管理	水质量监督机构能力发展 水污染治理的信息、教育和传播活动 城市及市中心废物处置试点系统的建立

(续表)

项目分类	具体项目
关键栖息地的修复改善	红树林修复 圣地亚哥岛社区海洋保护区的建立
关联栖息地的修复	阿格诺河上游水域修复
海岸带分区	海岸带管理与规划的地理信息系统 海岸带管理环境法律法规的编撰

资料来源：NEDA，Region1(1992)。

三、跨区域合作层面：以泛北部湾经济合作区为例

除以上国家和区域层面的蓝色经济区外，在经济一体化的发展背景下，有关国家和地区出于区域海洋经济合作和涉海生产要素跨界流动的需要，还规划建设了若干次区域的蓝色经济区，如中国—越南的"北部湾经济带"和中国—东盟的泛北部湾经济合作区。

中越北部湾经济带规划从属于中国—越南"两廊一带"的发展框架。2004年5月由中越两国政府共同发起，合作区域覆盖中国的广西、广东、海南、香港、澳门以及越南的10个沿海地区，目的在于加速区域内各地区的社会经济发展，同时也为中越（东盟）间的经贸联系提供更便利的通道。

泛北部湾经济合作区发展规划是在2007年首届"泛北部湾经济合作论坛"上提出的。该规划依据地缘经济概念，将中国—越南的北部湾经济合作进一步延伸至隔海相邻的马来西亚、新加坡、印度尼西亚、菲律宾、文莱等国家。经济区的发展目标在于通过联合开发海上资源，区域内临海工业和海洋产业发展及产业间的合作和发展，以及特色化海洋港口群、产业群和城市群的培育，逐渐发展成为太平洋西岸新的海洋经济增长带，并与大湄公河次区域合

作和以交通干线为依托的南宁—新加坡经济走廊对接,形成中国和东盟"一轴两翼"的区域经济合作格局。

第五节　经验启示

(1)正确的国家战略导向和具体的分区政策指导是蓝色经济区发展的关键。应注重国家层面、区域层面和跨区域层面规划的有效衔接。在蓝色经济区规划方面,国家层面的发展规划一般着眼于国内蓝色经济区的空间结构和整体布局;区域层面的蓝色经济区规划则更具有针对性和侧重性,往往围绕区域发展的某些关键问题制定与本地实际相适应的发展战略;跨区域的蓝色经济区规划则更加突出蓝色经济区的开放性特征和蓝色经济区经济发展空间的地域延伸,注重以大区域视野审视海洋经济发展,在开放合作中拓展海洋经济的发展空间。

(2)蓝色经济区的主体功能是经济区特色化发展和体现区域核心竞争力的基础要件,而由区域与区域城市历史发展特征、资源禀赋、竞争优势、发展潜力等多重复合因素综合决定着蓝色经济区和区域中心城市的发展定位,对于经济区优势功能和辐射带动效应的发挥至关重要。

(3)海洋产业的发展离不开政府的强力支持。蓝色经济区海洋产业发展依赖于法律法规、财税金融、产业导向、科技、环保和"一体化"管理以及相关配套支撑体系建设。政策实施一般遵循由点到面、推广、分阶段推行、实时评估的循序原则。同时,蓝色经济区是一个区域利益共同体,经济区的可持续发展还依托于多元机构、民间组织和社会公众的广泛支持和合作参与,利益主体间的良性合作及协调机制对于蓝色经济区发展战略的推进至关重要。

(4)海洋开发活动离不开健全的海洋法律法规体系,特别是要整合不同部门利益与地区诉求的海洋综合性立法。随着海洋开发活动由浅水近海向深水远海、陆海双向及社会、经济、文化三维坐标扩展和突破,综合性的海洋法律体系建设已成为各国确保海洋开发顺利推动的规制基础。

(5)有效地预防陆源与海上环境污染,保护海洋生态系统多样性,维持海洋生态系统健康,已成为发达国家区域海洋政策的重点。而海洋环境的保护和海洋生态系统健康的维持离不开海洋保护区建设,海洋生态服务功能的保持与恢复是海洋资源持续开发的基本前提。

(6)海洋综合管理是当今世界海洋管理的新趋势。面对多变的国际海洋开发态势及不断提升的海洋环境压力,区域海洋可持续发展离不开先进的海洋管理理念,基于预防性原则和海洋生态系统原则的海洋综合管理是海洋管理成功实施的技术保障。

第四章 青岛蓝色经济区建设的现状

第一节 自然要素

青岛地处黄海之滨,位于欧亚大陆和太平洋的交会地带,环抱胶州湾,与日本、韩国隔海相望,澳亚和新亚欧大陆桥两条洲际通道就在青岛交汇,也是中国通向世界五大洲的重要口岸之一。

青岛位于沿黄经济协作带和环渤海经济圈的交会处,在北部,依托以京津唐为中心的环渤海经济圈,与天津、大连相邻;在南部,靠近长江三角洲经济带,与上海、连云港相接;在西部,与黄河流域的部分地区相连,延伸至包括内蒙古准格尔、陕西渭北在内的能源化工基地。青岛的区位优势使青岛成为连接海外东西、贯通国内南北这一"十"字形交通枢纽的中心,与国内外市场的联系十分便利。

一、交通设施

青岛市交通基础设施经过近些年的发展,有了很大提高。特别是在总量规模、设施水平和运输能力方面,已经逐步向国内大型城市靠近。初步形成东北亚国际航运中心、区域性航空枢纽节点城市。青岛市域内基本形成"一小时经济圈",在更大范围山东半岛城市群也已初步形成"三小时经济圈"。

(一)铁路

青岛市位于胶济铁路的终端,有直达国内东北、华北、华东、华南、西北各个方向各大城市的客货运列车。交通运输迅猛发展,也带来客货运量快速增长。

(二)公路

青岛市公路的等级水平在全国排名前几位。济青、环胶州湾高速公路和青龙高速公路青岛段是最主要的进出公路通道,也是贯通山东半岛南北交通的大动脉,连接胶州湾西海岸的跨海大桥和海底隧道也已通车运营。根据"十二五"规划,到2015年,青岛市公路通车里程将达到 16 944 千米,其中高速公路达到 812 千米,一级公路达到 1 543 千米,二级公路达到 2 307 千米以上,公路密度达到 151.6 千米/百平方千米。目前青岛市公路通车里程超过 16 000 千米,其中一级公路超过 1 100 千米,高速公路达到 728 千米,保持在全国同类城市首位,青岛市公路密度达到 146 千米/百平方千米。

(三)城市道路运输

截至2013年底,青岛市内六区共有公共交通线路286条,营运的公交车辆 5 900 辆,出租车 9 693 辆,城市道路总长 4 333.9 千米。按照《青岛市城市轨道交通近期建设规划》(2013—2018)预期,2018年底,地铁将成为青岛市公共交通网络的支柱和主要对外交通枢纽,基本覆盖市内六区。青岛市将形成"四纵四横"约160千米的地铁骨干网络。届时,将形成多种交通方式共同发展,轨道交通、常规公交互为补充的城市综合公共交通体系。

(四)港口和海上运输

青岛港拥有100多年历史,是天然的海洋良港,主要从事集装箱、原油、矿石等各类进出口货物的装卸、储存、中转、分拨等物流服务和国际国内客运服务,是太平洋西海岸重要的国际贸易口岸和海上交通枢纽。青岛港在地域上包括四大港区:青岛老港区、黄岛油港区、前湾新港区和董家口港区。与世界上 450 多个港口常年有贸易往来,涉及全球 150 多个国家和地区。拥有超大容量现代化的集装箱码头、原油码头、矿石码头和煤炭码头。2013年,完成港口吞吐量4.5亿吨,外贸吞吐量3.1亿吨,集装箱吞吐1 552.2万标准箱,分别比上年增长10.6%、8.6%和7.0%,在世界居第七位。进口铁矿石吞吐量、集装箱作业效率、铁矿石卸船效率均居世界第一位,进口原油吞吐量居全国第一位。董家口港区以大宗散货、液体化工品及杂货运输为主,规划面积70平方千米、临港产业区规划面积65平方千米,码头岸线长约29千米,泊位数112个,成为青岛市港口和海上运输业经济发展的新的增长点。

(五)渔港建设

渔港建设是规范海洋渔业捕捞的基础。青岛市目前拥有国家级中心渔港如崂山沙子口、胶南积米崖等,和一级渔港如胶州东营、黄岛薛家岛等,还拥有若干一般性群众性渔港。通过维修改造区域内渔港、加强渔港监督、拓展渔港、提高渔港配套服务水平等措施,青岛市渔港建设整体水平、避风能力进一步提高,也为海洋渔业经济发展奠定坚实基础。

(六)空港运输

截至2013年末,青岛市拥有国内航线102条,国际及港澳地区航线19条;全年航空旅客吞吐量、航空行货邮吞吐量分别达到1 451.67万人次、18.62万吨,分别比上年增长15.2%、8.3%。

二、通信设施

到2013年底,青岛市邮电业务总量达到220.3亿元,比上年增长5.6%。其中,邮政业务、电信业务、信函总量分别为6.92亿元、213.38亿元、1.01亿件,分别比上年增长15.0%、5.3%、19.3%。互联网用户、使用时长累计分别达到228.02万户、2 373.73亿分钟,分别比上年增长4.5%、20.0%。固定电话用户、移动电话用户分别达到236.39万户和1 262.19万户,均比上年有不同程度增长。从总量规模和增长速度上看,青岛市通信设施建设水平位居全国同等城市前列。

三、水电气暖供应

2013年,青岛城市全年实际用水量4.3亿吨,比上年增长0.8%,平均每天供水量达到118.2万吨,增长0.8%。其中生产用水1.5亿吨、生活用水1.3亿吨。全社会用电量339.3亿千瓦时,比上年增长6.6%。其中,工业用电208.5亿千瓦时,城乡居民生活用电57.5亿千瓦时,分别增长6.6%和11.4%。风力发电装机容量累计41.3万千瓦,风力发电8.6亿千瓦时。全年新增供热面积721.3万平方米,年末供热面积达到1.1亿平方米,比上年增长6.9%。城市使用液化气、煤制气、天然气的总户数达到141.6万户,全年供应液化气总量4.1亿吨,供应天然气总量7.1亿立方米。城市气化率达到100%。

四、气候与环境

青岛地处北温带季风区域,属温带季风气候,温度适中,空气湿润,具有明显的海洋性气候特点,受海洋的直接调节和海洋上空季风及海流影响,一年四季都具有明显的季节特征。全年8月份最热,平均气温25.3℃;1月份最冷,平均气温－0.5℃。全年平均降水量、气压、风速、相对湿度均适中,风向以东南风为主导,舒适宜人。青岛风景秀丽,山海城相依,近岸海域环境状况良好,95%以上海水水质达到国家一、二类海水水质标准。

五、海岛及岸线资源

青岛市所辖海域位于119°40′～121°30′E、35°14′～36°35′N,所辖领海基线以内海域面积约8 405平方千米,30米等深线以内海域面积约9 165平方千米。青岛海岸线长且多曲折,海岸线长711千米,占全省的24%。海岸线上分布有包括胶州湾、董家口、鳌山湾等在内的天然海湾 49 处。这些优良的天然海湾,锚地水域开阔,航道通畅,不仅不易淤积,也不容易冰冻。

青岛市海域内所属海岛共有 69 个,总面积接近 21.2 平方千米,海岛岸线总长 106.08 千米。绝大多数岛屿距陆地不超过 20 千米,区位条件优越,岛上自然景观独特。海岛附近海域内海洋资源尤为丰富,海域内的水下岩礁区特别适合盘鲍、刺参等珍贵海洋产品生存栖息,结合滨海旅游业发展,在海岛发展岛屿观光和休闲渔业将会带来可观的经济效益。

六、海洋生物和矿产资源

青岛近海特别是胶州湾海域水质肥沃,是海洋生物栖息和生长繁殖的良好场所,渔业资源丰富,主要品种有对虾、白虾、章鱼、鲻鱼、黄骨鱼、青鳞鱼、梭鱼、矛尾鱼、刺虾虎鱼、鲈鱼、带鱼、墨鱼、杂虾、梭子蟹、鳗鱼等。胶州湾附近荒滩盐碱和潮间带滩涂总面积达 7 200 公顷,底部基本都是泥质,适合生物生存。生物物种丰富,达到 40 多种,其中贝类 20 余种,虾蟹类 7 种,其他 10 余种。胶州湾地区矿产资源丰富,以非金属矿产为主,已发现各类矿产 11 种,被开发利用 5 种,优势矿产资源包括建筑用花岗石、建筑用砂(河砂)、砖瓦黏土和少量矿泉水。

湿地是青岛市重要的自然资源,对于保护鸟类、保护珍稀濒危陆生、水生动物能够发挥重要作用。据初步统计,青岛市区域内湿地类型有 5 类 16 个类型,总面积 17.78 万公顷,约占青岛市市辖总面积的 16%。

第二节　蓝色产业发展

青岛市海洋经济一直保持年均 10% 以上的增速,总量也逐年攀升。据统计，2013年青岛市实现主要海洋产业总产值2 700亿元，占全省的22%，居全省首位，分别是烟台、威海、日照、潍坊和滨州的1.19倍、1.22倍、2.42倍、1.85倍和6.25倍。(图4-1)

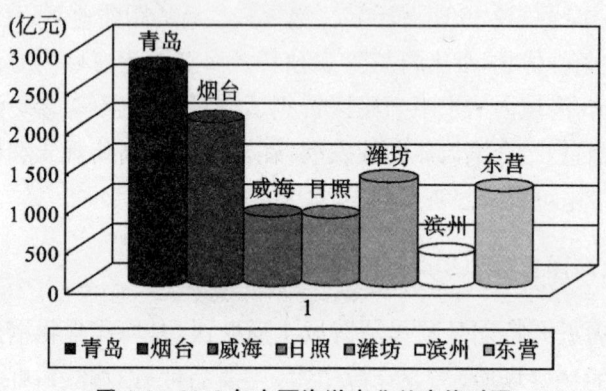

图4-1　2013年主要海洋产业总产值对照

一、海洋第一产业

海洋渔业是指海水养殖、海洋水产品加工、海洋捕捞和海洋渔业服务等活动。2013年，青岛市实现渔业经济总产值450亿元，居全省第三位，仅次于威海和烟台两市。其中，海洋捕捞产值23.12亿元，海水养殖产值77.43亿元，水产品加工产值101.29亿元，渔业流通和服务业产值123.68亿元，分别占青岛市渔业经济总产值的6.9%、23.1%、30.2%和36.8%。由此可见，青岛市海洋渔业已经形成"养殖为主、捕捞为辅"的发展格局，养殖产品在青岛市水产品生产中占有绝对比重。青岛市水产品加工业发达，作为山东地区水产品深加工产业的龙头，2010年青岛市水产品出口额13.5亿美元。渔业流通和服务业发展较为成熟，产业增值效应显著。(表4-1)

雄厚的研发和创新力量是青岛市发展现代海洋渔业的突出优势。依托雄厚的区域研发优势，以苗种繁育、工厂化养殖、集约化池塘养殖、深海抗风浪网箱养殖为代表的现代渔业发展迅速，渔业科技水平、水产品出口、利用外资和设施渔业等方面走在全国前列。2009年以来,青岛市实施了包括标准化生态养殖工程、标准化渔港建设工程、渔业资源养护工程、水产良种工程、渔业产业化工程、海洋捕捞结构调整工程、平安渔业工程、渔业科技与新型渔民培训工程等在内的现代海洋渔业"八大工程",基本实现了海洋渔业发展的"四大转变",即由传统品种养殖向名优珍品养殖转变、粗放型养殖向集约化养殖转变、近海捕捞向远洋捕捞转变、粗加工为主向精加工为主转变,青岛市海洋渔业发展的质量和效益得到显著提升。

表4-1 2009年山东沿海七市渔业经济产值情况

地区	渔业经济总产值(亿元)	水产品产值(亿元)	海洋捕捞		海水养殖		水产品加工		渔业流通和服务	
			产值(亿元)	占总产值的比重(%)	产值(亿元)	占总产值的比重(%)	产值(亿元)	占总产值的比重(%)	产值(亿元)	占总产值的比重(%)
青岛市	335.75	109.36	23.12	6.9	77.43	23.1	101.29	30.2	123.68	36.8
东营市	62.82	34.42	6.17	9.8	18.19	29.0	5.97	9.5	19.36	30.8
烟台市	496.56	183.62	62.64	12.6	104.16	21.0	177.85	35.9	109.71	22.1
潍坊市	145.85	41.14	17.22	11.8	11.64	8.0	10.10	6.9	68.45	47.0
威海市	607.76	207.03	68.46	11.3	125.13	20.6	222.51	36.6	98.40	16.2
日照市	172.82	37.08	23.12	13.4	10.65	6.2	52.29	30.3	75.52	43.7
滨州市	100.66	45.06	6.56	6.5	19.91	19.8	8.18	8.1	40.48	40.2
山东省	2 085.63	752.93	207.29	9.9	367.11	17.6	583.93	28.0	585.72	28.1

水产良种繁育是海洋渔业的源头产业,也是青岛市重点发展和实现较大突破的产业。近年来,青岛市水产良种繁育体系得到了进一步完善,良种研发能力进一步增强,一批性状优良、效益好、产量高的海水苗种相继开发成功。水产良种场建设稳步推进,目前,国家级水产良种场已经建成1处、在建9处,省级水产良种场9处;水产种质资源保护区建设有序开展,建成国家级水产种质资源

保护区 1 处。2009 年,青岛市繁育苗种 48.7 亿单位,青岛市水产良种覆盖率达到 65%,实现产值 4.7 亿元,为青岛市和周边地区渔业发展提供了充足的优良苗种供应。

表 4-2 青岛市国家级海水种苗原良种场

名称	主要品种	级别
青岛海湾扇贝良种场	海湾扇贝	国家级 在建
青岛市即墨对虾良种场	中国对虾	国家级 在建
青岛菲律宾蛤原种场	菲律宾蛤	国家级 在建
青岛鲆鲽鱼良种场	鲆鲽鱼	国家级 在建
青岛皱纹盘鲍良种场	皱纹盘鲍	国家级 在建
山东省太平洋牡蛎良种场	牡蛎	国家级 在建
青岛市漠斑牙鲆良种场	漠斑牙鲆	国家级 在建
青岛扇贝遗传育种中心	扇贝	国家级 在建
青岛刺参良种场	刺参	国家级 在建
青岛罗非鱼良种场	罗非鱼	国家级

二、海洋第二产业

(一)海洋生物医药

青岛市是国内海洋生物科技的主要研发基地,也是海洋生物制品与医药产业聚集度比较高的地区。海洋生物医药业主要以海洋生物为原料或提取有效成分,进行海洋药品与海洋保健品的生产加工和制造活动。在海洋生物制品与医药领域,青岛市拥有国内领先的科技与产业综合优势。

目前,青岛市已建立较为完善的海洋生物科技研发平台,拥有较强的海洋生物科技创新实力。中国科学院海洋研究所、中国海洋大学、国家海洋局第一海洋研究所等涉海科教机构在海洋生物科技领域均具有较深厚的研发积累,拥有海洋生物领域科技人才约1 300人。依托这些科教机构,青岛市建立了海洋生物领域省部级及市级重点实验室、工程技术研究中心近20家(表4-3)。2010年,由中国海洋大学管华诗院士领衔的"海洋特征寡糖的制备技术与应用开发"项目获国家技术发明一等奖。

表4-3 青岛市海洋生物技术重点实验室

序号	名称	依托单位	主管部门
1	海洋药物重点实验室	中国海洋大学	教育部
2	海水养殖重点实验室	中国海洋大学	教育部
3	实验海洋生物学开放研究实验室	中科院海洋研究所	中国科学院
4	海洋生物活性物质重点实验室	国家海洋局一所	国家海洋局
5	海洋生物资源开发利用重点开放实验室	黄海水产研究所	农业部
6	渔用药物临床实验中心	黄海水产研究所	农业部
7	山东省海洋药物重点实验室	中国海洋大学	山东省教育厅
8	山东省海洋生物工程重点实验室	中国海洋大学	山东省教育厅
9	山东省水产遗传育种重点实验室	中国海洋大学	山东省教育厅
10	山东省海水养殖病害防治重点实验室	山东省海水养殖研究所	山东省科技厅
11	青岛市海洋酶工程重点实验室	黄海水产研究所	青岛市科技局
12	青岛市海洋药物重点实验室	中国海洋大学	青岛市科技局
13	青岛市海洋生物高技术产业重点实验室	中科院海洋研究所	青岛市科技局

青岛市海洋生物制品与医药产业粗具规模。近年来，青岛市大力推进海洋生物制品与医药技术创新和产业化发展，以海洋特色国家生物产业基地为载体，在海洋生物活性物质、海洋生物新药、现代中药、高新技术制剂等的开发利用方面正酝酿着重大突破。青岛市现有海洋药物、海洋生化制品企业250多家，销售收入过1亿元的企业有数十家，主要有青岛海尔药业公司、青岛国风药业公司、胶南明月集团、青岛澳海生物公司等。

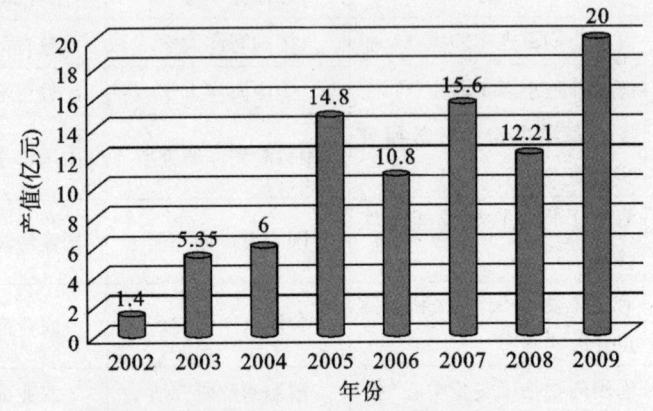

图4-3　2002～2009年青岛市海洋生物医药产业产值

(二)海洋装备制造业

青岛市海洋装备制造业主要包括海洋工程装备、船舶修造、海洋仪器仪表、相关配套设备制造等门类。海洋装备制造业具有一次投入多、技术先导性强、产业关联度大、资本与劳动密集等特点。同时，海洋装备制造业也是海洋运输、海洋渔业等产业发展的基础，对于推进地区产业结构战略性调整与升级具有十分重要的意义。

近年来，依托深水大港优势，按照国家重点行业结构调整及重大装备本地化专项的目标与重点，青岛市大力发展海洋装备制造业，建设了青岛海西湾、即墨和胶南3个船舶工业基地，形成了具有一定规模的产业集群和包括造修船、船用柴油机研发制造、海洋工程装备制造、船舶电力推进等在内的比较完整的产业链条,是我国重要的船舶与海洋工程装备产业基地。2012年,青岛市船舶与海洋工程装备产业实现产值378.1亿元。

海西湾船舶与海洋工程产业基地聚集中海石油海洋工程公司、中国石油海洋工程公司、中船重工青岛北海船舶重工有限责任公司和青岛海西重工有限责任公司等国内知名船舶与海洋工程企业,青岛菱川船舶机械有限公司、青岛华轩环保科技有限公司和莱钢集团等中小型相关配套企业也迅速成长起来,形成了青岛市海洋装备制造业发展的基础。青岛市主要船舶企业还包括青岛扬帆船舶制造有限公司、青岛前进船厂和相关游艇制造企业,主要有青岛松本造船有限公司、青岛鑫和游艇制造有限公司、青岛立行车船实业发展有限公司等。

青岛市船舶与海洋工程装备企业还建有省市企业技术中心3个,其中即青岛前进船厂技术中心、青岛造船厂有限公司技术中心为山东省认定企业技术中心;青岛北海船舶重工有限责任公司技术中心为青岛市认定企业技术中心。企业技术中心的设立对提升企业技术研发水平、提高企业核心竞争力具有重要影响。

(三)海水综合利用产业

海水综合综合利用包括将海水生产为淡水和将海水应用于工业冷却用水与城市生活用水、消防用水等活动,是对海水的直接利用和海水淡化。长期以来,水资源短缺是制约青岛市社会经济可持续发展的关键因素。为缓解水资源紧张局面,在国家有关部委的支持下,青岛市在海水综合利用领域开展了卓有成效的工作,产业技术日趋成熟,相继建成了一批海水综合利用示范工程,包括海水淡化、大生活用海水等,为海水综合利用产业化发展奠定良好的基础。

青岛市在发展海水淡化产业方面具有多种优势,一是沿海大型企业较多,化工、机电、海洋防腐等产业发达,为海水淡化产业发展和大规模应用提供了良好的条件;二是青岛市是我国传统海盐产地和化工基地,有条件建设海水淡化、制盐、海洋化工等相结合的联合企业,并带动海水淡化产业发展。近年来,青岛建成国内最大海水淡化项目进入市政供水管网,为市民提供生产生活用水。海水淡化技术研究与应用不断取得新进展,有一批在海水淡化领域拥有自主知识产权的生产企业,如华欧集团。2015年,青岛市每天淡化海水数量翻番,达到20万吨。

青岛市海水直接利用规模和范围日益扩大,已经在电力、化工、橡胶、纺织、机械、塑料、水产品加工等多个行业和青岛发电厂、黄岛发电厂、青岛碱业股份有限公司等大型企业规模化利用海水代替生产用淡水。另外,青岛市完成了海水冲厕技术与应用课题研究及示范应用,成为海水冲厕研究与应用全国示范性城市。

据测算,目前青岛市年海水利用总量已达15亿立方米,折合淡水约为7 500万立方米。2009年,青岛市海水综合利用产业实现产值30亿元,比2008年增长8.1%,居全省首位。

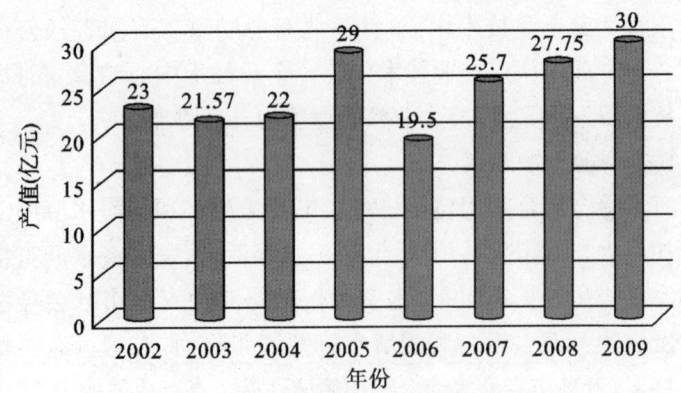

图4-4 青岛市海水综合利用产业产值

(四)海洋可再生能源产业

海洋可再生能源包括潮汐能、波浪能、温差能、盐差能、海流能和化学能,是海洋本身所蕴藏的能量。海洋可再生能源的利用,有助于提高海洋的开发利用水平。青岛市海洋可再生能源丰富,海浪、海流、海风、海水温差等都具有较好的开发条件。即墨市鳌山卫镇大管岛"100 kW 摆式波力发电站"1999 年 9 月投入运行,年发电 80 余万千瓦时。青岛合和能源有限公司正在实施波浪(海浪)能发电站建设项目,一期工程总装机容量为 50 000 千瓦,由 7 个涡轮发电机组构成,各机组均由 2 个发电单元构成,每个涡轮发电机组的单机容量为 8 380 千瓦,年发电量 40 000 万千瓦时,年供电量 38 000 万千瓦时。大唐山东新能源有限公司、北京国电华北电力工程有限公司等多家知名企业在青岛投资风能发电,风能开发利用产业集群初步形成。2012 年风力发电装机容量累计 40 万千瓦,风力发电 4.5 亿千瓦时。

海洋可再生能源装备制造实现新的突破。青岛市风力发电装备生产和产业配套体系粗具规模,产业链条正在形成,部分拥有整机关键技术自主知识产权。青岛市拥有热泵空调机组制造企业、研发机构、系统集成、施工安装公司近 200 家,其中,海尔热泵生产基地拥有国际先进的成套自动化生产设备,年生产热泵 400 台,生产总值 3 亿元。青岛海信日立空调系统有限公司拥有年产 15 万套水源多联式空调系统的较大产能。海水源热泵在青岛市的应用比较广泛,利用海水源热泵建筑面积已达 20 万平方米,代表性项目包括青岛发电厂职工食堂综合楼海水源热泵示范工程、青岛奥运媒体中心海水源热泵空调系统、青岛千禧龙花园公寓小区海水源热泵供冷供热系统等。

另外,青岛市具有较强的海洋可再生能源利用研发和创新力量。中国海洋大学、中科院海洋研究所、中科院青岛生物能源与过程研究所、国家海洋局第一海洋研究所等科研机构都在开展海洋可再生能源技术和装备的研究开发工作,积累了一定的研发基础。

三、海洋第三产业

(一)海洋交通运输业

海洋交通运输业主要包括海洋货物运输、旅客运输、管道运输业、装卸搬运及其他运输服务活动,是以船舶为主要工具进行海洋运输或为海洋运输提供服务的活动。海洋交通运输业是青岛市的传统优势产业,所依托的青岛港拥有 100 多年的历史,与世界上 150 多个国家和地区的 450 多个港口有贸易往来,是太平洋西海岸重要的国际贸易口岸和海上交通枢纽。青岛港包括青岛老港区、黄岛油港区、前湾新港区和董家口港区等四大港区,主要从事集装箱、原油等各类进出口货物的装卸、储存、中转、分拨等物流服务和国际国内客运服务。

目前,青岛市已初步形成"主体、核心、两翼"的多层次港口体系,其中主体为前湾港区,核心为胶州湾港口群综合运输枢纽,两翼为鳌山湾港区和董家口港区,再加上地方小型港站、综合旅游港点为补充。港口吞吐能力不断提高,港口布局更加完善,服务功能更加多样化,装备技术水平不断提升,基本建成了港口智能化管理系统。

以港口为中心,青岛市基本形成了比较完善的港口运输市场体系和包括国际物流、区域物流、市域物流三个层次的现代物流体系。国际集装箱运输、大宗散货运输等综合运输网络基本建立,形成了主营集装箱、煤炭、石油、矿石、粮食五大核心货种,兼顾发展钢铁、化肥、氧化铝、纸浆、纯碱、冻货、硫黄等小货种和滚装业务的多元化运输产品体系。通过引进国内外大型船运公司和物流公司,培育本土航运企业,船舶运力不断增加,运力结构不断优化。借助公路和铁路主枢纽,建设保税物流园区、出口加工区物流园区、国际物流园区等一系列功能定位明确、带动能力较强的物流园区,有效实现了区港联动发展。

(二)滨海旅游业

滨海旅游业主要包括海洋观光游览、休闲娱乐、度假住宿、海上运动等,是以海洋各种自然景观如海岸带、海岛等及人文景观为依托的旅游经营和服务活动。青岛市海岸线长,山海交错,海岸曲折,海岸地貌类型多样,拥有丰富的自然及人文景观,气候宜人,是国际知名的滨海旅游胜地。近年来,青岛市坚持"严格保护、合理开发、依法管理、永续利用"的原则,以海滨风光、崂山名胜、历史名城、休闲度假为主题,合理配置和有序开发旅游资源,构成了城、海、山、陆联系互动的总体发展格局。青岛市重点旅游区包括由城区滨海旅游区和城区纵深旅游区构成的青岛城市旅游区,主城区以东的石老人旅游度假区、崂山风景名胜区、温泉旅游度假区,以西的凤凰岛旅游度假区、小珠山休闲旅游区、灵山岛生态旅游区、琅琊台旅游度假区、胶南南线旅游区,内陆县市的艾山地质文化旅游区、大泽山风景名胜区,以及灵山岛、田横岛、大小管岛等海岛旅游区。

表 4-4 2013 年山东沿海七市旅游业发展情况

地区	旅游业总收入（亿元）	国内旅游总收入（亿元）	国际旅游总收入（亿美元）	接待国内外游客（万人次）	国内游客（万人次）	海外游客（万人次）
青岛	937.2	886.1	8.3	6 289.6	6 161.3	128.3
烟台	543.05	514.37	4.63	5 003.51	4 951.53	51.98
威海	338.85	324.08	2.39	2 996.74	2 952.79	43.95
日照	210.1	202.4	1.24	3 153.5	3 125.4	28.1
潍坊	441.1	426.7	2.3	4 735.2	4 701.7	33.5
东营	84.7	81.75	0.47	1 103.13	1 097.62	5.51
滨州	81.27	80.49	0.13	1 117.77	113.39	4.38
山东省	5 183.9	5 015.8	27.3			
青岛占全省比重（%）	18.08	17.67	30.4			

青岛市旅游形式多样,包括观光旅游、度假旅游、文化旅游、海上旅游、国际邮轮旅游等,形成了系列旅游产品。2013年,青岛市旅游总收入达937.2亿元,居山东省首位,占全省旅游总收入的18.08%,分别是烟台、威海、日照、潍坊、东营和滨州的1.7倍、2.8倍、4.5倍、2.1倍、11.1倍。其中国内旅游总收入886.1亿元,国际旅游收入8.3亿美元。共接待国内外游客6 289.6万人次,其中海外游客128.3万人次,海外游客接待数量占全省的27.03%,远远高于烟台、威海等山东其他沿海地区。

第三节　区域产业结构

一、区域产业结构变化

改革开放以来,经过不断进行的工业产业结构调整,青岛市已形成电子通信、信息家电、化工橡胶、饮料食品、汽车船舶、服装服饰六大支柱产业和一批中国知名企业,如海尔集团、海信集团、青岛啤酒股份有限公司、双星集团、澳柯玛集团、颐中烟草(集团)、青岛港(集团)等。2013年,青岛市实现生产总值8 006.6亿元,比2012年增长10%。其中,第一产业增加值352.4亿元,增长2.1%;第二产业增加值3 641.4亿元,增长10.2%;第三产业增加值4 012.8亿元,增长10.5%。人均GDP达到89 797元。随着经济结构的战略性调整,青岛市产业结构发生了深刻变化,第一产业增加值比重明显下降,第三产业发展迅速,已经成为国民经济的主导地位。三次产业比例由2001年的10.9∶49.3∶39.8调整为2013年的4.4∶45.5∶50.1。

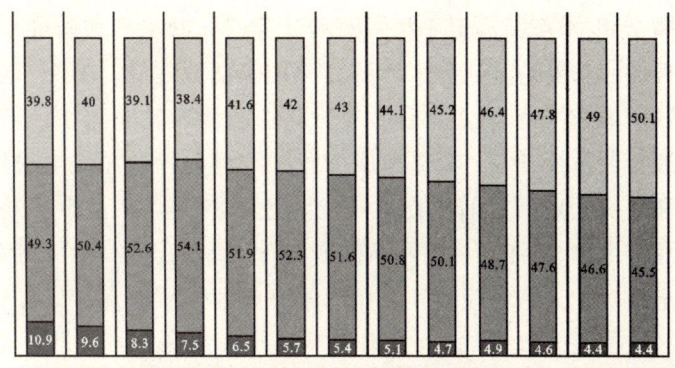

图 4-4　2001～2013 年青岛市国民生产总值构成

二、海洋产业结构变化

青岛目前已形成较为齐全的海洋产业体系。海洋渔业、海洋建筑工程、海洋交通运输业等传统产业一直保持稳定的发展态势,滨海旅游业、船舶工业、海洋生物药物等海洋新兴产业蓬勃发展,海水利用产业走在国内城市前列,海洋仪器仪表、海洋能源开发、海洋社会服务、海洋环保、海洋新材料等产业正在形成。"十二五"以来,青岛市海洋经济保持较快发展速度,2013 年实现海洋生产总值 1 317 亿元,较 2012 年增长 18.2%;海洋生产总值占 GDP 比重逐年提高,2013 年达到 16.5%,较 2012 年提高 1 个百分点以上。

海洋产业结构趋于优化。具体表现为,海洋第一产业比重明显下降,海洋第二产业平稳中略有下降,海洋第三产业保持稳步增长,产业结构更趋合理,基本完成由"二三一"结构类型向"三二一"结构的演化。海洋三次产业结构实现了战略性调整,由 2005 年的 15∶41∶44 调整为 2013 年的 6.4∶45.3∶48.3。

围绕第一产业,青岛市着力提升了海水养殖业、水产苗种业、远洋捕捞业、水产品加工业和休闲渔业等产业的水平和质量,加速推进现代海水养殖基地和水产品精深加工基地建设。第二产业方面,通过"集中扶持、重点培育",着力打造海洋生物医药、海洋新材料等战略性新兴产业。青岛市成为我国海洋药物及海洋生物制品研发和生产基地。目前正在推进的蓝色经济重点项目中,80%以上为海洋生物、海洋新材料和新能源等海洋新兴产业,为可持续发展奠定了基础。将现代服务业作为第三产业发展重点。如青岛保税港区依托功能政策优势,大力发展以橡胶交易市场为代表的市场集群,建设青岛国际橡胶交易市场,是国内第一家实行保证金封闭运行的大宗商品交易市场,开展进口天然橡胶即期现货和远期现货交易。经过多年运作,目前交易额过 200 亿美元,是世界三大天然橡胶交易机构之一,成为中国北方及东北亚地区重要的物流集散中心和大宗商品国际交易与定价中心。

第四节　海洋经济空间布局

以城市总体规划、青岛市海洋功能区划为指导,结合各区(市)海洋资源禀赋,青岛市海洋产业布局调整力度逐步加大,对海洋资源进行有效配置,对海洋经济相关项目进行统筹部署,形成了海岸带、岛屿、近海和外海梯次展开,不同区域海洋产业协调发展,同一区域产业聚集效应明显、整体效益比较显著的海洋经济区域布局。青岛市主要海洋经济区如下:

一、胶州湾海洋经济区

胶州湾海洋经济区主要包括环胶州湾地区的经济技术开发区、原胶南市、市南区的部分区域,以及胶州市和城阳、四方、市北三区。为保证港口及航道、锚地和配套设施发展的需要,积极拓展工业旅游、休闲渔业,为青岛海洋特色渔业(贝类底播养殖)预留发展空间,做到港口航运与水产协调发展,并加强保护胶州湾水域生态环境。胶州湾周围岸线除保证港口使用外,其北部适度保留水产养殖业,陆域适度发展临海工业,逐步形成李沧至城阳、胶州至黄岛的工业聚集带。在西岸为港口、石油化工及船舶修造业发展留出余地,并积极发展过驳作业,扩建贮运场地,提高港口吞吐能力。

二、东部海洋经济区

东部海洋经济区主要包括市南区、崂山区和即墨市临海区域。该区域是青岛市的主城区,并拥有崂山高新科技产业区的技术优势和即墨市的海洋资源优势,科研能力和产品开发能力强,是青岛市海洋产业的主要研发区,也是海洋高等教育、海洋研究和海洋生物、新材料领域产业化基地。其中,即墨市的鳌山一带是青岛市未来海洋高技术发展的重要区域。

三、西部海洋经济区

西部海洋经济区范围从胶州湾口薛家岛脚子石至王家滩口日照交界处,主要发展旅游、临海工业和海洋渔业。

四、海岛及附近海域海洋经济区

海岛及附近海域海洋经济区包括青岛市69个海岛(其中10个有居民岛)及其周边海域。有居民海岛以生态旅游为主,加强海岛旅游与渔业结合,发展休闲渔业,并大力发展海洋风能发电和海水淡化产业。无居民海岛以保护为主,适度建设增殖养护区。近岸水域(青岛主航道向陆地以内水域)以旅游、水上运动和水生生物增殖护养为主;主航道以外的海域适度发展海洋捕捞。

第五节　科技与人才支撑

一、科技与人才总体概况

(一)机构与人员

截至 2013 年底,青岛市的大专院校共 23 所,其中普通高校 22 所,在校学生 30 万人,较 2012 年增长 1.2%。青岛市拥有国家海洋局一所、中国科学院海洋研究所、海洋化工研究院等 10 多家国内著名的海洋科研单位。青岛市共有博士后站 78 个,其中,博士后科研工作站 32 个、博士后科研流动站 46 个,累计招收博士后研究人员 1 044 人,目前在站 505 人。另外,国家级、省部级重点学科共 97 个,市级及以上重点实验室 133 个,其中国家级重点实验室 6 个、省部级重点实验室 76 个、市级重点实验室 51 个。

(二)专利和奖励

2013 年,青岛市共有 433 项重要科技成果。其中,5 项获得国家级科技奖励,89 项获得省级科技奖励。全年共成交 3 666 项技术合同项目,成交额达到 35.4 亿元;共有 32 901 件发明专利申请,1 930 件发明专利授权。

二、涉海科技与人才概况

(一)海洋科研力量雄厚

青岛市的海洋科研力量在全国沿海城市中独占鳌头。拥有包括中国海洋大学、中国科学院海洋研究所在内的 20 多家海洋科研与教学机构,形成了从学士、硕士到博士完整的人才培养体系和多个技术开发中心。青岛市从事海洋管理、海洋科学研究、海洋观测实验、海洋教育等的专业人员近 1 万名,其中高级专业技术人员

1 700多人,占到全国的近30%,海洋人才密集程度在全国领先。

(二)海洋科技创新基地体系比较完善

青岛市海洋科研、教育机构及企业中已建成部委级重点实验室20个、省级重点实验室11家。青岛海洋科学与技术国家实验室于2009年初正式开工建设,计划利用5~10年的时间,打造成为世界第七大国家级海洋科学研究中心。青岛市各类海洋科学考察船共20余艘,其中有7艘是1 000吨级以上的远洋科学考察船,代表国家水平的4 000吨级现代化海洋科学综合考察船项目获国家批准立项建设。海洋科学观测台站11处,其中国家级1处、部委级6处;建有科学数据库12个,种质资源库5个,样品标本馆(库、室)7个;还拥有海藻加工、海洋药物、海洋生化制品、水产饲料等省级工程技术研究中心6个,海洋药物国家级工程技术研究中心1个,为青岛市海洋科技发展奠定了坚实基础。

(三)海洋科学研究学科覆盖面广

青岛市海洋科学研究几乎涉及海洋基础学科所有方面,拥有海洋科学和水产两个一级国家重点学科及物理海洋学、海洋化学、海洋生物学、海洋地质及水产品加工与贮藏工程等11个二级国家重点学科,整体水平国内领先。海洋技术研发基础较好,海洋生物技术、海洋环境保护技术、海洋防腐防污技术、海洋观测与环境预报技术、海洋工程技术、海洋油气勘探开发装备与技术等发展潜力较大。

但是,从青岛市海洋技术研发力量的整体分布来看,在海洋技术领域尚不具有基础研究同等的优势地位,具体表现是,研究力量的学科分布严重失衡,尚未形成与区域产业结构相配套的海洋科技支撑体系。海洋生物领域占有青岛市近七成的研发力量,而新型海水综合开发、海洋船舶设计、海洋地质、海洋能源利用、海洋工程等领域的科研力量相对薄弱。

(四)海洋科技成果斐然

海洋生物技术、海洋监测技术、海洋油气及深海矿产资源勘探开发等领域涌现一批重要科研成果。由管华诗院士,唐启升、侯宝荣院士分别主持完成的海洋科研项目获得国家技术发明一等奖、山东省科学技术最高奖;青岛市在物理海洋、海洋生物资源开发、海洋腐蚀与防护等领域的研究成果获得国家、省部级科技奖励120余项。青岛市承担的"863"计划、自然科学基金计划、海洋局公益性行业专项等国家级项目总量超过全国总量的1/3。

第五章 青岛蓝色经济区建设的环境分析

第一节 SWOT 分析方法

SWOT 分析最早由美国旧金山大学韦里克(H. Weihrich)教授于 20 世纪 80 年代初提出的。SWOT 分析法是一种综合考虑研究对象内部条件和外部环境的各种因素,进行系统评价,从而选择最佳发展战略的方法。在 SWOT 中,S 指内部的优势(Strengths),W 是指内部的裂势(Weaknesses),O 是指环境的机会(Opportunities),T 是指外部环境的威胁(Threats)。

当前,SWOT 方法已被应用于经济社会发展的各个领域,用以分析研究对象在发展中的优势、劣势、机会与威胁,从而为其未来发展指明方向。SWOT 分析法的指导思想就是在全面把握研究对象内部优劣势与外部环境的机会和威胁的基础上,制定符合研究对象未来发展的战略,发挥优势克服不足,利用机会化解威胁。

应用 SWOT 方法分析青岛蓝色经济区建设,能够迅速掌握青岛蓝色经济区建设的竞争态势,是一种系统分析的工具,其目的在于对研究对象的综合情况进行客观公正的评价,通过识别青岛蓝色经济区建设的强项与弱项、机会与威胁等相关因素,发挥优势,克服弱点,充分利用有利的机会,避免威胁,综合分析青岛蓝色经济区建设内外部环境因素对发展战略的影响,达到内部与外部环境协调与最佳配合,从而最大限度推进青岛蓝色经济区的快速发展。

优势(Strengths): 主要包括经济发展的资源禀赋、经济实力、支撑条件等方面的优势	劣势(Weaknesses): 主要经济发展中的存在的问题
机遇(Opportunities): 主要包括国际、国内相关领域发展所带来的机会	挑战(Threats): 主要包括国际、国内相关领域发展所带来的压力

图 5-1　SWOT 分析矩阵

第二节　青岛蓝色经济区建设的优势

青岛、东营、烟台、潍坊、威海、日照、滨州[①]是山东省的 7 个沿海城市,共同构成了半岛蓝色经济区主体区城市群。通过 7 个城市间的横向比较,明确青岛市的比较优势,综合考虑山东半岛乃至我国东部沿海地区经济发展的整体格局,是科学界定青岛市在半岛蓝色经济区建设中的功能与地位的基本前提。

一、经济实力雄厚:半岛蓝色经济区主体区城市群中的最大经济体

青岛市经济实力雄厚,2013 年实现国民生产总值 8 006.6 亿

---

① 按照《规划》,滨州市所属海域及无棣、沾化所属陆域是山东半岛蓝色经济区主体区的组成部分,其他陆域部分属联动区。为便于数据收集和城市间的横向比较,本部分将滨州市全境纳入分析范围。

元,占山东沿海七市 GDP 总量的 29.12%,分别是烟台、威海、日照、潍坊、东营和滨州的 1.4 倍、3.1 倍、5.3 倍、1.8 倍、2.5 倍和 3.7 倍;第一、二、三产业分别实现产值 352.4 亿元、3 641.4 亿元和 4 012.8 亿元,三次产业比重为 4.4∶45.5∶50.1,产业结构不断优化;实现规模以上工业主营业务收入 15 283 亿元,分别是烟台、威海、日照、潍坊、东营和滨州的 1.1 倍、2.5 倍、5.8 倍、1.3 倍、1.3 倍和 2.2 倍;实现地方财政一般预算收入 788.72 亿元,占山东沿海七市总量的34.91%;实现对外贸易总额 779.12 亿美元,是烟台市的 1.6 倍,更远高于威海、潍坊、东营、日照、滨州等五市。

在全省经济发展中,青岛市也扮演着极其重要的角色。2013 年,青岛市国民生产总值占全省的 14.64%,规模以上工业主营业务收入占 11.55%,对外贸易总额占 29.16%。

"十二五"期间,青岛市围绕培育壮大海洋产业,形成了特色鲜明和竞争力强的现代海洋产业体系;加快重点区域和项目建设,不断提高青岛高新区、董家口港区等重点区域的承载能力;提升海洋科技水平,促进海洋经济内涵式发展。加快推进转方式调结构。瞄准世界级产业,打造优势产业集群,按照国际标准加快建设世界级的港口、家电、造船、机车、橡胶等优势产业集群,谋划和发展一批战略性新兴产业。着眼高端,打造服务业高地,加快形成以服务经济为主的产业结构,重点推动现代金融、总部经济、高端旅游、现代物流、软件信息、服务外包、动漫创意、会展中介等现代服务业跨越发展。大力发展现代农业,推动工业化、城镇化和农业现代化"三化同步",争取建设一批全省乃至全国最高水平的设施农业基地、规模农业基地、特色农业基地和农副产品加工出口基地。突出抓好自主创新,以国家创新型试点城市、三网融合试点城市、技术创新工程试点城市建设为抓手,着力突破关键和核心技术,努力用新技术改造传统产业、用新技术支撑高新产业。

表 5-1 2013年山东沿海七市经济实力对照表

地区	GDP(亿元)	第一产业 产值(亿元)	第一产业 比重(%)	第二产业 产值(亿元)	第二产业 比重(%)	第三产业 产值(亿元)	第三产业 比重(%)	公共财政一般预算收入(亿元)	规模以上工业主营业务收入(亿元)	对外贸易 总额(亿美元)	对外贸易 进口额(亿美元)	对外贸易 出口额(亿美元)
青岛	8 006.6	352.4	4.40	3 641.4	45.5	4 012.8	50.1	788.72	15 283	779.12	359.26	419.86
烟台	5 613.87	420.99	7.50	3 075.12	54.78	2 117.76	37.72	437.23	14 064.30	493.13	198.38	294.75
威海	2 549.69	203.47	8.0	1 312.93	51.5	1 033.29	40.5	195.22	6 232.59	171.50	64.67	107.02
日照	1 500.16	131.45	8.7	784.33	52.3	584.38	39	100.09	2 617.97	330.4	291.6	38.8
潍坊	4 420.7	433.1	9.8	2 297.4	51.97	1 690.2	38.23	383.9	12 180.1	161.6	45.6	116.0
东营	3 250.2	117.19	3.6	2 258.42	69.5	874.59	26.9	183.79	11 793.1	131.48	73.45	58.03
滨州	2 155.73	211.02	9.8	1 106.10	51.3	838.61	38.9	170.09	7 104.09	83.25	47.80	35.45
合计	27 496.95	1 869.62	6.80	14 475.7	52.64	11 151.63	40.56	2 259.04	69 275.15	2 150.48	1 080.76	1 069.91

资料来源:根据各市《2013年国民经济与社会统计公报》整理。

二、综合实力突出：城市竞争力居全省首位

根据中国社会科学院对中国所属城市综合竞争力水平进行的测算和排名,青岛市综合竞争力稳居全省首位。

城市综合竞争力是以经济竞争力、文化竞争力和社会竞争力为基础,结合生态环境竞争力计算得出,能够较全面地反映被评估城市的整体实力和发展潜力。其中,城市经济竞争力涵盖 GDP 总量、增速、人均 GDP、经济和产业结构、人均可支配收入、职工平均工资水平等方面。城市文化竞争力涵盖教育实力、科技创新水平、文化及体育产业发展状况、文化影响力、文化氛围、公民总体素质和公民意识、城市历史以及地域文化等方面；城市社会竞争力涵盖人口结构、社会结构、基尼系数、社会治安状况、居民幸福指数、民主法治建设进程、国际化程度、社会包容性以及慈善事业发展状况等方面。城市生态环境竞争力涵盖空气质量、污染物排放程度、森林覆盖率、生态多样性及野生动植物分布、世界自然和文化遗产及国家级风景名胜区分布、旅游业总收入 GDP 占比以及环境承载力等方面。

表 5-2　山东半岛沿海城市在山东省城市中竞争力排名表

城市 年份	青岛	烟台	威海	潍坊	日照	滨州	东营
2008	1	4	6	8	13	14	3
2009	1	4	6	9	13	14	2

资料来源：根据中国社科院,城市竞争力蓝皮书：中国城市竞争力报告 No.8 整理。

表5-3 山东半岛沿海城市在中国城市中综合竞争力排名表

年份\城市	青岛	烟台	威海	潍坊	日照	滨州	东营
2010	11	34	61	86	80	106	26
2011	10	31	56	32	72	111	62
2012	9	32	68	82	70	—	29

资料来源:根据中国社科院,城市竞争力蓝皮书:中国城市竞争力报告No.8整理。

三、海洋科研力量雄厚:国内著名的"海洋科学城"

青岛市海洋科研院所及科研人才数量居全省首位,在全国亦独占鳌头,是享誉中外的"海洋科学城"。青岛市拥有中国科学院海洋研究所、中国海洋大学、国家海洋局第一海洋研究所、农业部中国水产科学院黄海水产研究所等28家具有国际国内影响力和知名度的海洋科研与教学机构,约占全国的31.8%(表5-4,表5-6);拥有海洋科技人才近1万人,全国副高级以上职称的海洋专业人员50%以上集聚青岛,密集程度居全国之首,其中有中国科学院院士、中国工程院院士22人。1999年以来海洋领域共启动重大基础性研究项目(简称"973")17项,其中15个项目的首席科学家在青岛,累计拨款4.07亿元。青岛市已成为国家高水平海洋专业人才的培养基地、海洋科技创新的源头。

表5-4 青岛海洋科研教育机构一览表

序号	机构名称	隶属单位
1	中国科学院海洋研究所	中国科学院
2	国家海洋局第一海洋研究所	国家海洋局

第五章 青岛蓝色经济区建设的环境分析

(续表)

序号	机构名称	隶属单位
3	中国水产科学院黄海水产研究所	农业部
4	中国海洋大学	教育部
5	国土资源部海洋地质研究所	国土资源部
6	中国科学院北海研究站	中国科学院声学研究所
7	青岛海洋化工研究院	中化新材料总公司
8	青岛海洋腐蚀研究所	中国钢铁研究总院
9	青岛自动化研究所	中国舰船研究院第七一六研究所
10	中国舰船研究院七一九研究所青岛分部	中国舰船研究院
11	中国舰船研究院七二五研究所青岛分部	中国舰船研究院
12	青岛远洋船员学院	中远总公司
13	海军潜艇学院	海军
14	国家海洋局北海分局	国家海洋局
15	国家体育总局青岛航海运动学校	国家体育总局
16	山东省海水养殖研究所	山东省海洋与水产厅
17	山东省海洋仪器仪表研究所	山东省科学院
18	山东省海洋经济研究所	山东省社科院
19	山东省海洋工程研究院	山东省科技厅
20	山东省航运工程设计院	山东省航运集团
21	青岛农业大学	山东省教育厅

(续表)

序号	机构名称	隶属单位
22	青岛航海运动学校	山东省体育局
23	青岛海洋技术学校	山东省水产集团公司
24	青岛市海洋气象科学研究所	青岛市气象局
25	青岛港湾学校	青岛港务局
26	青岛港湾工程勘察设计院	中港集团公司
27	青岛市海洋水产博物馆	青岛市科协

表5-5　首席科学家在青岛的"973"计划项目

序号	项目名称	依托单位	立项时间	总经费（万元）	首席科学家
1	海水重要养殖生物病害发生和抗病力的基础研究	中科院海洋所	1999	2 800	相建海
2	中国近海环流形成变异机理、数值预测方法及对环境影响的研究	国家海洋局一所	1999	4 827	袁业立
3	东、黄海生态系统动力学与生物资源可持续利用	黄海水产研究所	1999	3 400	唐启升
4	中国边缘海形成演化及重要资源的关键问题	中科院海洋所 国家海洋局二所	2000	2 800	高抒 李家彪
5	我国近海有害赤潮发生的生态学、海洋学机制及预测防治	中科院海洋所 国家海洋局一所	2001	2 800	周名江 朱明远
6	中国典型河口—近海陆海相互作用及其环境效应	中国海洋大学 华东师范大学	2002	2 800	翟世奎 丁平兴

(续表)

序号	项目名称	依托单位	立项时间	总经费（万元）	首席科学家
7	糖生物学与糖化学——特征糖链结构与功能及其调控机制	中国海洋大学	2003	1 000	耿美玉
8	我国近海生态系统食物产出的关键过程及其可持续机理	黄海水产研究所	2005	3 000	唐启升
9	中国东部陆架边缘海物理环境演变及其生物资源环境效应	中国海洋大学	2005	2 900	吴德星
10	重要海水养殖动物病害发生和免疫防治的基础研究	中国科学院海洋研究所	2006	2 800	相建海
11	北太平洋副热带环流变异及其对我国近海动力环境的影响	中国海洋大学	2007	3 000	吴立新
12	我国近海藻华灾害演变机制与生态安全	中科院海洋所	2009	2 800	周明江
13	养殖贝类重要经济性状的分子解析与设计育种基础研究	中科院海洋所	2009	2 800	张国范
14	我国陆架海生态环境演变过程、机制及未来变化趋势预测	中国海洋大学	2009	3 000	赵美训
15	中国近海水母爆发的关键过程、机理及生态环境效应	中国科学院海洋研究所	2011	2 800	孙松

表 5-6 青岛市海洋领域重点实验室（部分）

实验室名称	级别	主要研究方向和成果
物理海洋教育部重点实验室	部级	自然科学奖一等奖；副热带北太平洋和南海海洋—大气相互作用及其与热带太平洋的关系；风浪破碎研究；大尺度大洋环流能量平衡理论与实验；浅海动力过程及陆—海相互作用；北大西洋涛动的动力学机制研究方面取得重要进展；70年代气候突变机制研究的重要进展
海洋药物教育部重点实验室	部级	"十五"期间，主持承担国家重大基础研究"973"项目（1项），国家重大基础前期专项（1项），国家海洋"863"项目（11项，不含滚动项目），国家自然科学基金重点项目（1项），国家"908"重大专项（2项），省自然科学基金（16项）等国家级科技项目38项，国际合作项目4项，省部级基金和攻关项目25项
海水养殖教育部重点实验室	部级	近年来先后承担了近20项国家"973"、"863"课题以及国家科技攻关等重要研究项目，解决了若干与海水健康养殖相关的基础理论与应用基础领域的重要命题，培养了大批高层次的专业人才
海洋环境与生态教育部重点实验室	部级	中国近海典型海域人海物质水文地球化学过程及环境效应上层海洋—低层大气生物地球化学与物理过程耦合研究，河口—近海系统物质输运过程和模型研究，近海重要界面物质交换的关键过程，黄河河口碳通量及向近海输运过程，典型水域生物多样性及交通场动态对海洋物理环境演变的响应（以上为国家级重点项目），快速监测海水有机磷农药的生物传感器研制，海洋锰足类连续培养技术，近海高分辨率浅层沉积物采样技术，基于胶体金免疫层析技术的赤潮藻现场检测方法研究（以上为863项目）

(续表)

实验室名称	级别	主要研究方向和成果
海洋遥感教育部重点实验室	部级	纤毛虫原生动物的分类学、发生与系统学以及生态学研究,动控制技术的研究及工程应用,主要海水养殖动物的营养学研究及饲料开发,6 000米海底有缆观测与采样系统——电视抓斗的研制(863计划)
海洋化学理论与工程技术实验室	部级	海洋界面化学,教育部高校自然科学二等奖,2001;滨海电厂海水冷却系统腐蚀与污损综合治理,教育部科技进步二等奖,2003;海洋化学原理和应用——中国近海的海洋化学,山东省高校自然科学一等奖,2001;海水微表层化学研究,海洋局创新成果二等奖,2003
海底科学与探测技术教育部重点实验室	部级	中国典型河口-近海陆海相互作用及其环境效应,2002～2008,973项目;颗粒物源-汇效应与沉积记录对海洋物理环境演变的响应,2006～2010,973课题;黄海三角洲海岸蚀积转换机制研究预测,2005～2008,973课题,海上复杂储层识别的叠前低频反射技术,2008～2010,863课题;深海海成矿"异常流动注射分析(FIA)在线探测技术,2007～2009,863课题
中国科学院实验海洋生物学重点实验室	部级	主要针对海洋农业中海洋生物资源开发和可持续利用的关键问题,在海水养殖核心种质筛选和保存、重要养殖生物生长发育调控、海洋动物繁殖生物学、海洋生物基因组学和生物信息学、海洋生物技术、病害防治与天然产物利用等方面开展研究,先后主持并承担了多项"973"、"863"、国家攀登计划、国家攻关、国家自然科学基金等重大项目,取得了一系列重大创新成果

(续表)

实验室名称	级别	主要研究方向和成果
中国科学院海洋生态与环境科学重点实验室	中国科学院院级	中国沿海典型增养殖区有害赤潮发生动力学及防治机理研究,2002,省部奖;海洋生物分类代码,2002,省部奖;海洋初级生产力结构、新生产力及微型生物生产过程与机制,2002,省部奖;"农乐一号"海洋生物制剂的研制及应用,2001,省部奖
中国科学院海洋环流与波动重点实验室	中科院院级	实验室科研人员共发表论文160余篇,其中71篇发表于SCI(ED)源刊,出版专著5部,获国家和部委级奖励3项
中国科学院海洋地质与环境重点实验室	中国科学院院级	率先报道了东海陆架边缘北部玄武岩的矿物及化学特征。对冲绳海槽的裂开时间有了新的认识,提出海槽的两侧——琉球岛弧和陆架边缘的火成岩可能更好的记录了海槽最初裂开时间的观点。系统了解冲绳海槽Jade热液区和大西洋TAG热液区热液活化物的同位素组成特征和物质来源。揭示台湾东北部龟山岛附近海域热液活动具有周期短、安山岩影响小、流体循环快的特点。研制出海洋声学浊度传感器(申请国家发明专利,申请号:200410011415.5)。有关冲绳海槽的岩浆作用与海底热液活动研究获得了2003年教育部科技进步二等奖
海洋环境科学和数值模拟功能实验室	部级	IOD对南极海域海冰异常的影响及动力机制探讨,2007~2009;北极楚科奇海、波弗特海海冰异常变化对中国冬季气候的影响的影响研究,2008~2009;流及波浪混合对南黄海浮游植物时空变化影响机制的数值研究,2007~2008;国家海洋行业标准《海洋监测技术规程》实验验证,2008.11~2009.04;海上溢油应急响应专家系统,2007~2009;华能莱成海上风电项目——海洋水文测量,2006~2010

(续表)

实验室名称	级别	主要研究方向和成果
海气相互作用与气候变化实验室	部级	定点垂直升降剖面测量系统技术,863,2007.01～2010.06;深海空间站使用环境条件研究,国防基础科研项目,2006.01～2008.12;海气相互作用监测与评价,国家海洋局,2009.12;印度洋偶极子事件和太平洋 EL Nino 事件的比较研究,国家基金委,2008.12;热带印度洋季风背景场对印度洋影响,国家基金委,2007.01～2009.12;南黄海热通量的观测分析和 SST 变化、季节变化的机理研究,国家基金委,2009.01～2011.12;Java沿岸上升流的潜标观测研究,科技部国际合作项目,2006.01～2008.12;印度洋海气相互作用及其对亚洲季风异常的影响,科技部 973 项目,2006.9～2011.9
海洋沉积与环境地质国家海洋局重点实验室	部级	"863"项目:海底底质分类的多参数识别技术(2001AA6103004)(2002～2004),近海工程高分辨率多道浅地层探测技术(2001AA602025)(2002～2004),数字海底技术湖海油田示范区的建设(2001AA602019)(2002～2004);国家自然科学基金项目:黄海南部大西洋期沉积结构及其环境信息(40076014)(2001～2003),冲绳海槽沉积特征和发育模式研究(40176016)(2002～2004),北极楚科奇海沉积物中古环境地球化学代用指标研究(40176017)(2002～2002),东海陆架晚更新世大型水下三角洲物质来源判析(40176018)(2002～2004)

(续表)

实验室名称	级别	主要研究方向和成果
遥感海洋学与信息系统技术重点实验室	部级	在 SAR 探测浅海水下地形、SAR 探测内波、高度计数据处理及应用、海洋航空高光谱遥感、海岸带遥感监测、海气界面观测仪器、拖曳式海洋监测平台、遥感算法集成与应用系统软件开发和海洋动态信息系统理论研究与示范等方面具有大批特色成果
农业部海洋渔业资源可持续利用重点开放实验室	部级	近 5 年来，实验室承担 200 多项科研项目，包括 973 项目 2 项、863 项目 22 项、国家科学基金项目 20 多项；共有 3 项成果获国家科技进步奖二等、1 项成果获国家发明奖二等奖；发表研究论文 800 多篇，其中 SCI 论文 90 多篇
国土资源部海洋油气资源与环境地质重点实验室	部级	进行海洋油气和天然气水合物资源成藏机理及分布规律、海洋环境地质演化和地质灾害机制、中国近海地球物理场特征及其机制、中国近海及邻近海域含油气盆地地质格架和盆地动力学过程、中国近海及邻近海域地质特征及其演化规律、海陆第四纪地质、海洋油气勘查与资源评价、海洋地质探测和信息处理、海岸带地质与综合治理等方面的研究
海洋腐蚀与防护国防科技重点实验室	国家级	围绕解决各类材料结构物在海洋环境中的腐蚀和污损问题，开展材料及制品的腐蚀损伤、电化学保护、涂层保护和防腐蚀生物材料技术的应用基础和应用技术的研究。主要研究领域有：材料在海洋环境中的腐蚀和现代腐蚀防污方法研究、电化学防腐污新技术研究、涂覆层防护机理及技术研究，生物防污技术以及腐蚀控制工程基础研究等

第三节　青岛蓝色经济区建设中存在的问题

一、海洋产业结构有待优化

近年来,青岛市一直将海洋产业结构调整作为海洋经济发展中的重点工作,积极调整海洋产业结构,促进海洋产业结构优化升级。在这些措施的促进下,青岛市海洋产业结构不断优化,但还存在诸多问题,如近海养殖、捕捞受资源制约发展不快,远洋捕捞水平落后于国内其他发达地区;海洋生物医药、海洋船舶业、海水利用业等产业虽然获得长足的发展,但规模化程度相对较低,如修造船行业因订单偏少造成产能过剩,几个较大的修造船企业均未达到设计产能,有的只达到了设计产能的 1/2,且辐射带动作用尚未充分发挥,行业本地配套率不高①。第三产业方面,受气候条件影响,滨海旅游的季节性较强;海洋交通运输业发展相对较快,占据了第三产业的大部分份额,第二、三产业中的海洋科研教育服务业、涉海服务业等所占比重相对较小,拉动作用也不明显。

二、区域间发展不平衡

空间角度看,青岛市所辖区市中,海洋经济主要集中在西海岸新区、市南区和即墨市。2014 年,三区市海洋生产总值占青岛市的比重已达 65%,而其他区市所占份额微乎其微,显然与这些区市丰富的海洋资源和发展条件不匹配。另外,从各区市所占份额看,排名前三位的依次是市南区(25.7%)、青西新区(21.8%)和李沧区

---

① 于忠珍.青岛市蓝色经济发展问题分析.中共青岛市委党校/青岛行政学院学报,2015(5):27-31.

(20.7%),而居末两位的分别是平度市(4.2%)和莱西市(3.1%),区域间发展不平衡的问题比较明显①。

三、海洋科技对海洋产业的拉动作用有待增强

研究表明,世界海洋发达国家海洋科技的贡献率已经达到70%以上,海洋科技对海洋经济的拉动作用非常明显,而纵观我国海洋科技对海洋经济的贡献率,始终徘徊在30%左右,大多数科技成果停留在实验室或者论文中,科技转化能力不高,严重影响海洋经济的发展。青岛市是我国的海洋科技城,代表着全国海洋科技的最高水平,然而青岛市海洋科技对海洋产业拉动作用也始终维持在较低的水平,在很大程度上制约了青岛市海洋经济的快速发展。

第四节 青岛蓝色经济区建设的机遇

一、国内外蓝色经济快速发展

(1)国际环境中的有利机遇。当前,蓝色经济在全球快速发展,已经成为国际海洋领域最具影响力的经济形态,并日益影响传统经济贸易的发展。青岛市作为我国最重要的蓝色经济城市,在全球蓝色经济浪潮中必然要担负起领导中国蓝色经济发展的重任。

(2)国家政策中的有利机遇。2008年以来,国家开始了新一轮的区域经济战略调整,山东半岛蓝色经济区、浙江海洋经济发展示

---

① 于忠珍.青岛市蓝色经济发展问题分析.中共青岛市委党校/青岛行政学院学报,2015(5):27-31.

范区、福建海峡蓝色经济试验区、广东省海洋经济综合试验区等以海洋经济为主题的区域经济先后上升为国家战略,为海洋经济在全国范围内的发展创造了良好的机遇。

二、山东半岛蓝色经济区建设

2009年,山东半岛蓝色经济区上升为国家战略,成为国内第一个以发展蓝色经济为内容的区域。同时,国家也为"山东半岛蓝色经济区"的发展提供了众多的扶持政策和优惠政策,为蓝色经济的发展保驾护航。这将为青岛市蓝色经济的发展带来良好的机遇,促进青岛市蓝色经济的快速发展。

第五节 青岛蓝色经济区建设的挑战分析

一、国内区域间蓝色经济竞争激烈

近年来,随着国家对沿海地区经济发展的政策倾斜,以及国家推进海洋强国建设的需求,沿海地区都在积极发展蓝色经济。特别是大连、天津、上海、宁波、厦门、珠海等城市都将海洋经济视为本区域发展的重点,不仅理念上高度重视,实践发展中也积极推进。目前,这些城市的海洋经济发展速度已经部分超越青岛市,成为我国海洋经济发展中的新的"明星"。激烈的竞争形势给青岛市蓝色经济发展带来巨大的挑战,青岛市应认清形势,积极促进蓝色经济的发展。

二、青岛市蓝色经济发展自身问题突出

从自身看,青岛市蓝色经济结构层次不高、发展要素缺乏有效的配置、海洋科技成果产业化水平较低、海洋开发与保护的矛盾日渐突出,都直接或间接制约着青岛市蓝色经济的发展。此外,作为国内的一线海洋经济城市,目前存在最大的问题是海洋环境污染,如胶州湾周边密集布局着若干重度污染的海洋工业,工业废水绝大部分排入海洋,超负荷的海洋工程导致海洋生物资源、海洋生境不断恶化,直接影响青岛市蓝色经济的可持续发展。

第六章 青岛蓝色经济区功能定位与发展战略分析

第一节 功能定位与发展目标

一、功能定位

根据区域经济中心城市发展理论,结合青岛市蓝色经济发展的 SWOT 分析结果,并根据《山东半岛蓝色经济区发展规划》、《青岛市蓝色经济区建设发展总体规划框架》等青岛市在海洋科技、城市竞争力、海洋产业和生态环境等方面的比较优势,结合山东半岛蓝色经济区的战略定位以及加快转变发展方式、调整优化产业结构的要求,认为青岛市在山东半岛蓝色经济区建设中的功能定位应该是"国家海洋经济科学发展先行区"、"半岛蓝色经济核心区"、"半岛蓝色高端产业聚集区"、"中国蓝色硅谷"和"海洋生态环境保护示范区"。

(一)国家海洋经济科学发展先行区

所谓"先行",即在经济、社会、文化等多个领域的发展上率先突破,做到先行先试,就是在整个区域经济社会及若干具体领域率先发展,走在其他地区的前面。

改革开放以后,我国开始推行区域经济不平衡发展战略,鼓励一部分地区率先发展、一部分人先富起来,可以理解为改革开放以来我国"先行区"实践的开始。之后,全国各地区纷纷制定新的经济发展规划,力求把握改革机遇,实现率先发展,提出了核心技术自主创新先行区、循环经济先行区、经济合作先行区、统筹城乡发展先行区、承接产业转移先行区、战略性新兴产业发展先行区、金融改革先行区、绿色经济先行区、海洋经济先行区、蓝色经济先行区等一系列区域经济发展思路,赋予了"先行"、"先试"以更加丰富的内涵。

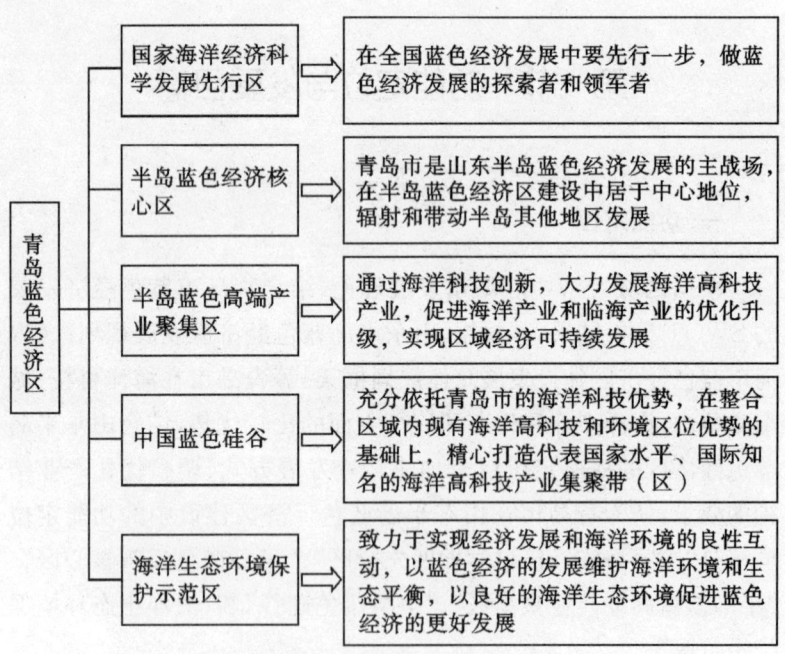

图 6-1　山东半岛蓝色经济区建设中的青岛市功能定位

就青岛而言,"国家海洋经济科学发展先行区"建设要着眼于"科学发展",是青岛市海洋经济发展战略的进一步深化。"国家海洋经济科学发展先行区",要求青岛市充分发挥自身优势,找准"先行"的切入点,在海洋经济科学发展上率先探索,先行一步,率先形成先进的海洋生产力,率先针对制约我国海洋经济发展的矛盾集合点进行改革,为全国海洋经济可持续发展提供经验借鉴。

第六章 青岛蓝色经济区功能定位与发展战略分析

(二)山东半岛蓝色经济核心区

"核心区"属于地理学中的名词,泛指一个国家中经济增长领先的、最富有持久活力的地区。"核心区"不是一个点(单一城市),而是有一定尺度的地域范围,它具有组织、引领和推动周围地区经济发展的作用。经济核心区比"重点产业区"、"重点建设地区"的含义更深刻,突出强调了对地区经济乃至全国经济持续发展的驱动作用。

一般来说,经济核心区经济发达,就会具有强大的辐射能力、吸引能力,渗透和带动周边经济的发展。我们认为,无论从广义上还是从狭义上讲,打造山东半岛蓝色经济区,都必须明确青岛的核心地位和龙头带动作用,即青岛市应该是山东半岛蓝色经济区主体区的龙头城市,对内要立足自身发展,提升城市整体实力,对外要立足山东半岛乃至我国东部沿海地区,提升区域服务能力,真正发挥龙头带动作用。

(三)半岛蓝色高端产业聚集区

蓝色高端产业是指以海洋高新科技发展为基础,以生态文明和环境友好为特征,核心内容是海洋高新科技成果产业化,具有广阔市场需求和重大发展潜力,能够带动相关海陆产业发展,从而增强海洋全面开发能力的海洋产业。蓝色高端产业具有全局性、长远性、关联程度高、发展潜力大、成长不确定性等特征。

打造山东半岛蓝色高端产业聚集区,就是要通过改造海洋交通运输业、海洋渔业等海洋传统产业,重点发展和集中布局海洋生物医药、海洋新能源、海洋装备制造等海洋战略性新兴产业和高科技含量高的海洋产业,培育形成若干个基础设施配套完善、产业链条完整,具有长远发展前景的海洋高端产业聚集区,促进青岛市海洋经济产业结构升级。

(四)中国蓝色硅谷

硅谷(Silicon Valley)位于美国加州北部旧金山湾以南地区。

硅谷早期以硅芯片的设计与制造著称,随着科技水平不断提升,生物医药、通信技术、新能源与新材料等产业迅速发展,"硅谷"逐渐成为美国高科技人才集中、高科技产业集聚发展的地方,现在已成为"高新技术产业高度聚集区域"的特指名词。目前世界各国参照硅谷模式,建立了类似的高新技术园区,如中国台湾新竹工业园区、英国剑桥科学园、苏格兰硅谷、以色列"硅溪"以及日本筑波科技城等。

打造"中国蓝色硅谷",应该充分依托青岛市的海洋科技优势,整合区域内现有海洋高科技资源,使产学研密切结合,打造体现国家水平、国际知名的海洋高科技产业集聚带(区),使之成为全国海洋高科技企业、人才和技术的"孵化器",更好地服务于全国海洋经济发展。

"中国蓝色硅谷"并不等同于一般意义上的海洋高科技产业聚集区,它是一个开放式社会经济系统,其本质是开放、链接和流动性。"蓝色硅谷"应该是创新经济的生产方式,它更强调要素的流动和结合、跨区域的要素重组和区间经济技术互动;"蓝色硅谷"体现的是区域创新模式,是产学研密切结合的区域创新综合体,有生活、有社区,拥有各种现代化商业金融服务设施,是一个活生生的区域创新体。

(五)海洋生态环境保护示范区

海洋生态环境是承载青岛市海洋经济发展的基础,具有珍贵的生态价值、旅游价值、休闲价值和文化价值等。近几十年以来,由于受到人口增长和不合理的人类经济活动的影响,青岛市海洋生态环境尤其是胶州湾海域环境遭到了一定程度的破坏,出现了海水水质恶化、海洋生物资源退化、海水自净能力减弱、海水更新周期延长、湿地功能减退等一系列问题。

建设海洋生态环境保护示范区,就是要通过实施陆海污染同防同治、对遭受破坏的海洋生态环境进行修复、鼓励发展"海洋低

第六章　青岛蓝色经济区功能定位与发展战略分析

碳经济"等措施遏制区域海洋生态环境的进一步恶化,实现青岛市经济发展和海洋环境的良性互动,以蓝色经济的发展维护海洋环境和生态平衡,以良好的海洋生态环境促进蓝色经济的更好发展,并示范带动全国其他沿海城市形成健康的海洋经济发展理念。

二、发展目标

根据《山东半岛蓝色经济区发展规划》、《青岛市蓝色经济区建设发展总体规划框架》等对青岛市未来城市功能的定位以及相关发展目标的规划,结合青岛近期发展实际,本研究认为到2015年末,青岛市蓝色经济区建设工作取得显著进展,海洋产业结构进一步优化,海洋经济布局更趋合理,海洋生态环境进一步改善,"国家海洋经济科学发展先行区"、"山东半岛蓝色经济核心区"、"半岛蓝色高端产业聚集区"、"中国蓝色硅谷"和"海洋生态环境保护示范区"基本建成。到"十三五"末,青岛市蓝色经济区建设事业迈向更高台阶,优势产业更加突出,形成一批在国内外具有较高知名度、较大影响力和较强竞争力的涉海企业和品牌,打造成为海洋经济品牌城市和国际一流、国内领先的蓝色经济强市。

经济规模持续扩张。到2020年,青岛市生产总值由2012年的7 302亿元增加到15 000亿元,年均增长9%左右。到2020年,青岛市海洋产业增加值由2012年的1 114.4亿元增加到2 200亿元,年均增长9%左右,其中海洋第一、二、三产业增加值分别达到90亿元、880亿元和1 230亿元。

产业结构优化升级。到2015年,青岛市生产总值中三次产业比例由2012年的4.4∶46.6∶49调整为2∶46∶52,2020年调整为2∶42∶56。到2015年,青岛市海洋经济增加值中三次产业比例由2012年的7∶48∶45调整为6∶40∶54,2020年调整为4∶40∶56。到2015年,新兴海洋科技产业产值占海洋总产值的比重提高到25%,2020年提高到30%。形成一批影响力大、创新能力强的海洋科技企业,打造一批海洋知名特色品牌。

第二节 "国家海洋经济科学发展先行区"建设战略

一、人才培养模式改革先行

(一)构建多元化的海洋教育及人才培养格局

目前,青岛市海洋相关人才培养体系具有两大特点:一是以政府办学为主体,缺乏全社会的积极参与,民办教育发展滞后,中等职业教育办学规模小,发展层次低;二是以本科及以上海洋专业人才培养为主,尚未能积极渗透到小学、初高中教育。鉴于此,今后应做好以下两方面工作:

一是在坚持政府统筹的海洋教育管理体制,发挥高校和海洋科研院所人才培养作用的基础上,坚持学校教育与海洋职业人才培训并举,推进政府统筹、校企合作、集团化办学的海洋人才培养和办学机制。创新海洋人才职业教育体系,将海洋技工人才培养在中等职业教育、高等职业教育、专业学位教育中相互衔接,并为其确定合理的结构和发展规模。发展面向渔民和渔村的职业教育,提高渔民素质和渔业作业水平,并积极开展渔村富余劳动力转移培训,增强教育服务渔业、渔村和渔民的能力。切实加大滨海旅游业、海洋交通运输业等传统海洋产业所需人才的培养力度,加强海洋生物医药、海洋装备制造等战略性新兴产业专业学科建设。

二是将海洋人才培养纳入基础教育体系中,积极探索在中、小学开展海洋知识、海洋文化宣传和教育的机制。可以设立专门课程在中、小学教授海洋知识,这将为更早地认识海洋,更科学地开发利用海洋打下坚实的基础。与此同时,借助中国海洋大学等高等院校自主选拔考试改革之机,探索建立一两所以海洋为特色的中、小学学校,科学设置其课程体系,让对海洋感兴趣的中小学生更早地接触海洋科学知识,并与高等院校和科研院所实现紧密结合,为其输送在海洋领域具有特殊天赋的科研后备力量。

(二)坚持海洋自然科学与社会科学人才培养并举

海洋科学是当今最活跃的学科之一,涵盖海洋自然科学和海洋社会科学两大海洋科学体系。海洋自然科学和社会科学相关人才共同承担着揭示海洋性质和过程的秘密、指导人类有序开发利用海洋资源和保护海洋环境的重大使命。青岛市应坚持海洋自然科学和社会科学人才培养并举,为山东半岛蓝色经济区建设和全国海洋事业发展提供强有力的智力支撑。

海洋自然科学领域。根据青岛市海洋科研力量分布状况及区域海洋经济发展需求,在积极完善海洋生物、水产养殖、物理海洋、海洋化学、水产品加工及海洋渔业等传统优势领域人才培养体系的基础上,进一步加大海洋环境、海洋地质、海洋遥感、海洋生态、海洋腐蚀与防护、海洋工程、海洋防灾减灾、海洋资源可持续利用、深部生物圈与深海极端环境生物等国际前沿领域领军人才培养力度。

海洋社会科学领域。依托中国海洋大学、青岛科技大学、青岛大学、中国石油大学、青岛农业大学等高等院校,以及山东省海洋经济文化研究院、青岛社科院等科研院所,积极培养海洋发展、海洋经济、海洋管理、海洋法律与政治、海洋历史与文化等领域相关人才。

(三)促进海洋教育领域国际交流

搭建海洋教育合作交流平台。全方位开展国际交流与合作,支持在青高校加强与世界高水平大学合作,开拓国际教育市场,建立教学科研合作平台,推进与国内、国际高等院校间学生互换、教师互派、学分互认、学位互授。通过国际友好城市、友好学校等交流渠道,加强与海外各类合作组织的联系,建立长期、稳定、有实质性合作项目的校际合作关系。

培养国际化海洋人才。培养适应国际海洋产业劳务市场要求的高素质劳动者,加强外国语教学,强化高校教育、教学、科研和管理队伍跨文化交往能力。加大国际化课程比例,注重培养具有国际视野、通晓国际海事规则、能够参与国际事务的人才。

引进优质海洋教育资源。坚持"以我为主、为我所用"的原则,积极引进和借鉴适合市情和校情的国际先进理念、项目、专业(课程)和管理模式,吸引海外知名学校、教育和科研机构来青合作,并以此为契机,尽快实现本土化改造。加大海外海洋专业人才的引进力度,提高青岛市高校和科研院所海外高水平教学、研究人员的比例。

二、海洋科技创新先行

(一)超前部署海洋科技前沿领域研究

把握世界海洋科学技术发展趋势,着眼科技长远发展,以青岛市乃至全国海洋战略需求为导向,以提升自主创新能力为重点,组织前沿技术研究开发,选择重点领域按照战略性、前瞻性的要求超前部署,力求突破核心技术,形成一批代表国内领先水平的海洋技术和产品。

表6-1 青岛市海洋科技前沿领域技术研发重点

领域选择	技术研发重点
极端环境微生物、活性化合物及基因资源探查和开发利用	未来极端环境微生物、活性化合物及基因资源获取与开发利用,极端环境微生物特征蛋白质结构和功能分析,极端微生物酶基因、抗逆功能基因及特殊功能微生物获取及表达应用,极端微生物"宏"基因组研究及其药化技术等

(续表)

领域选择	技术研发重点
海洋微藻生物质能开发	重点开发高效产油海藻及利用海藻生产燃料乙醇技术,分离纯化海洋微藻种质,筛选高效产油海洋藻株,同时对某些工程微藻进行分子改良;研究光生物反应器放大技术、大规模微藻养殖防敌害和高产收技术、微藻细胞多级收获技术;建立微藻油脂提取冶炼生物柴油的技术工艺
深海油气、矿产资源勘探、开采、运输装备	重点支持开展深海采油井口装备技术,3 000米深海防喷器组关键部件制造与控制系统的研究,鼓励加大深海钻井隔水管安全作业装备和自升式半潜海洋石油钻井平台的开发力度;逐步推动深水浮筒(Spar)和张力腿(TLP)等深水平台,立管关键部件,深水半潜式钻井平台,新一代FPSO,大型油轮(VLCC),海洋工程装备总装建造,海洋工程装备项目管理等方面的技术开发
深、远海海洋环境立体监测与实时监测设施	重点研究海洋动力环境和移动目标雷达探测技术,多功能新型海洋锚系浮标,实时传输潜标,小型无人自动表面船技术,船载多参数走航剖面测量拖曳系统,条纹管激光水下三维成像技术等;开展自沉浮式剖面测量漂流浮标(ARGO浮标),新式剖面观测载体,自持式海面飞行器,有缆水下机器人(ROV),无缆自治水下机器人(AUV),拖曳式多参数剖面测量载体等装备的关键技术研究
海洋信息处理与应用	积极发展海洋"4S"技术,海洋信息同化处理技术,海洋数据库与数据挖掘技术,可视化模型构建技术,虚拟现实技术,分布式海洋空间决策支持技术和网格GIS体系信息共享技术,开展海洋气象、海洋监测、海洋救护、海洋环保、海洋金融、海洋法律等社会咨询和服务,构建形成高效能区域海洋科技信息共享平台,逐步建成"青岛市国家海洋中心信息区(CID)"

资料来源:根据青岛市科技发展计划软科学项目《青岛市海洋科技战略发展研究》以及《青岛市蓝色经济区科技创新专项规划》研究报告整理而成。

(二)大力推进海洋产业技术需求研发与创新

表6-2 海洋产业技术研发重点

产业领域		技术研发重点
海洋渔业	高端海珍品种苗繁育及健康养殖	推动基因转移、细胞克隆、多倍体诱导和人工性别控制等现代生物技术在海洋水产苗种培育中的应用,重点开展重要海洋生物种质资源保存技术,牙鲆、大菱鲆等高值化鱼类育种技术,海珍品鉴别和育种DNA分子标记应用技术,鲍鱼、扇贝、牡蛎、文蛤等贝类优良品种选育技术等的研究
		在海水健康养殖方面,重点加强重要海水养殖动物病害发生和免疫防治技术,现代化设施渔业工程技术研究与开发;发展海水养殖病害的监控、预警技术,重大病害快速诊断及综合防治技术,设施渔业养殖模式的生态环境优化、自身污染控制、养殖用水综合循环利用及无害化处理技术;开发清洁养殖、质量安全控制等健康养殖模式,加强免疫增强、营养强化及环保饲料研究与开发
	远洋捕捞与即时加工	重点加强捕捞加工一体化大型远洋渔船技术,远洋捕捞通信以及大型拖网、围网配套装备技术,负责任捕捞技术,远洋捕捞保鲜技术等的开发;发展海洋渔业遥感技术,头足类、金枪鱼等探捕技术,船用水产品即时加工装备技术
	健康养殖装备制造与应用	重点开展降耗、增效、环保型健康养殖装备研发,以及设施养殖自动化、电子化配套设备技术,网箱养殖设施系统结构优化设计技术,海洋渔场环境综合改良工程技术

第六章 青岛蓝色经济区功能定位与发展战略分析

(续表)

产业领域		技术研发重点
海洋渔业	海水产品深加工	重点发展海产品有毒有害物质快速检测和有害生物安全控制技术,保鲜及卫生控制超临界萃取技术,鱼糜风味化调理技术,水产品真空冻干和微胶囊技术,水产品加工酶工程技术,水产品保鲜、保活、贮藏、加工和运输等全程安全控制集成技术和设备研发;开发超高压加工、脉冲电场杀菌、微波真空干燥等新型加工设备
	海洋生物食品安全控制	重点发展污染产地环境的修复技术,食品有机和无机污染物(包括抗生素残留)痕量与超痕量检测技术,常见生物毒素检测技术,食品安全分析中多残留检测平台的设计与制造技术,食品安全评价体系及预测预警系统技术等
船舶修造业		集装箱船、化学品船、游艇、电动船、玻璃钢渔船、远洋捕捞及加工船等船型开发、设计、建造和修理改装技术,船舶系统(设备)集成技术、通讯导航及船舶驾驶集成技术、船用宽厚板生产加工技术、船用主机和辅助设备关键零部件等设计制造技术的研究与开发,以及邮轮设计建造技术
海洋交通运输业		港口、海上运输业与环境影响评价技术,港口基础设施配套装备与技术,船舶及港口污染治理技术,海洋运输安全工程管理技术,海岸带环境信息技术,航道与海岸工程技术,信息与自动化技术
海洋生物医药产业		海洋生物食用新资源的发现与安全性鉴定技术,海洋水产生物资源高值化利用技术,海洋生物药用新资源的开拓利用技术,海洋共生微生物分离、鉴定、培养与发酵,海洋生物活性物质提取、筛选、功能分析、深度利用技术,海洋生物药用功能基因克隆、表达技术,转基因海洋微生物及微藻大规模生产药源生物技术,医用敷料和国家创新药物开发技术;应用于食品、农业、医用、日用化工领域中的海洋保健食品、海洋药物、海洋生物材料研制技术等

（续表）

产业领域		技术研发重点
海水综合利用产业	海水淡化	重点发展大型海水淡化设施的集成配套技术,突破海水淡化装置国产化的系统集成技术和低成本反渗透海水淡化技术,研制低成本的新型海水淡化设备,反渗透海水淡化的膜材料及膜组件、能量回收装置和耐腐蚀高压泵等关键设备,研究耐盐类腐蚀、生物污损材料,开发含盐污水排海处置技术
	海水直接利用	开发海水预处理技术、耐盐、耐碱、防生物附着、阻垢技术及装备,研究冷却海水、大生活用海水和海水淡化后产生的浓缩水对环境影响评价和处置技术、海水脱硫技术和滩涂海水灌溉技术,加强海水处理药剂的研究,研发海水冷却塔等成套设备
	海水化学资源开发	重点研究海水淡化、海水循环冷却废弃浓海水制盐、元素提取和深加工技术的研究,开发以镁、溴为主的海洋精细化工系列产品
海洋新材料产业		重点发展海洋防腐和保护材料技术,环境友好型涂料技术,海藻纤维开发技术,甲壳质纺织材料技术等,发展耐压浮力材料、耐蚀合金材料、耐压密封防水材料技术。推进海洋防腐防污、防生物附着材料的规模化生产;加快海藻纤维、甲壳质纤维等与传统纺织材料的嫁接和改造,开发特殊功能纺织材料;发展壳聚糖生物医用敷料、海藻纤维医用敷料、新型植物硬壳空心胶囊等医用材料

（续表）

产业领域		技术研发重点
海洋环保产业		重点发展溢油等海上突发事件的应急预报及处置技术，大型绿藻综合利用开发技术，海上污染物收集装备技术，受石油和重金属等污染的海底沉积物净化技术，海陆协调的环境污染治理、突发性污染事故生物治理、海洋灾后修复技术，濒危海洋生物物种恢复和保护技术，外来有害生物物种清除技术，电厂和其他大型工业流程二氧化碳捕获技术和海上封存技术，城市建筑垃圾、航道疏浚泥等垃圾资源化利用技术，陆源污水的离岸排放技术，清洁生产技术与装备，海洋环境工程咨询技术，基于生态系统的海洋生态化综合管理技术等
海洋仪器与工程装备制造业	海洋工程装备制造	重点研究深海采油井口装备技术，3 000 米深海防喷器组关键部件制造与控制系统，研制深海钻井隔水管安全作业装备和自升式半潜海洋石油钻井船；重点研究小型无人自动表面船技术，船载多参数走航剖面测量拖曳系统，条纹管激光水下三维成像技术，开展自沉浮式剖面测量漂流浮标（ARGO 浮标）、新式剖面观测载体，自持试海面飞行器，拖曳式多参数剖面测量载体，有缆水下机器人（ROV）和无缆自治水下机器人（AUV）等关键技术研发
	海洋仪器仪表	重点突破高精度、高稳定性海洋观测要素传感器技术，海洋探测监测系列仪器技术与装备，海洋水下焊接技术；研究潜标体积和携带能力、潜标快速下潜和定深能力、潜标快速上升能力、潜标的跟踪定位及数据实时传输能力，研究海底电磁仪的海底高压电力供应源的产生、电极的海底布设、高压信号的释放和接受信号的数据反演问题，研究用于海底磁力测量的无磁耐压壳体设计、自主海底磁力测量的混合动力技术和水下定位技术；开展臭氧衍生色谱法海上溢油快速鉴别分析仪，锚泊自升沉海洋灾害预警浮标，高精度船载海洋动力和水质参数激光检测仪等产品的自主研制和二次创新研制开发

(续表)

产业领域	技术研发重点
海洋旅游业	海洋综合管理技术,海洋自然景观保护技术,海洋旅游主体产品及配套设施设计建造技术;休闲生态渔业系统设计技术,游艇、邮轮、帆船帆板优化设计技术、海上拓展训练、海底探险活动特种装备技术,海洋旅游信息处理与网络构造技术等

资料来源:根据青岛市科技发展计划软科学项目《青岛市海洋科技战略发展研究》以及《青岛市蓝色经济区科技创新专项规划》研究报告整理而成。

三、制度改革与创新先行

(一)建立海岸带统筹利用决策机制

作为海洋管理的手段之一,实施海岸带综合管理是实现海岸带统筹利用的主要途径。海岸带综合管理的总目标是,确保沿海自然资源保持最佳的利用效率,同时维护生物多样性,并在此基础上切实保护海岸带生态环境。应坚持陆海统筹、生态优先的原则,对近岸陆域、岸线、海域在时间和空间上进行统筹布局,制定政策和管理模式,以使海岸带资源合理开发利用,并控制人类活动对海岸带环境的影响。目前,多数沿海国家和地区都开展了海岸带综合管理,尤其是北美地区所有沿海国家都制定了各自的海岸带综合管理规划,对海岸带试行统一管理。与发达国家相比,我国的海岸带综合管理还亟待工作制度层面的探索和创新。

海岸带综合管理是一个系统工程,其中"综合"包含空间的综合、部门间的综合、政府间的综合、科学与管理的综合和国家间的综合5个方面。多部门协作是海岸带综合管理从创立之初就延续下来的基本属性。目前,仅在海岸带地区范围内,青岛市涉海部门就有多个:海洋与渔业局拥有管理海洋渔业生产的职能;交通部门拥有管理港口作业和海上航运的职能;轻工业部门拥有管理海盐生产销售的职能;石化部门拥有管理海洋石油开发与炼化的职能;旅游局拥有管理海洋旅游活动的职能;海事局拥有水上安全监督和防污染管理的职能,等等。根据各自职能,不同部门对同一地区从不同的目标入手实施管理,或对同一对象从不同的角度或采用不同的方法进行控制,其结果往往是过度注重本部门利益而未能考虑全局利益。再加上管理分工不明,缺乏一个综合性的海岸带管理协调机构,更容易造成部门间的矛盾与冲突。

鉴于此,要实现各自为政的部门分散管理向综合管理的转变,建立起自觉干预和内外协调的管理机制,首先必须构建一个职能有机统一的大部门海洋管理体系。青岛市可借鉴国外的做法,在原有管理体制基础上,由各部门高层领导组成一个职能有机统一的大部门海洋管理机构——海洋综合管理联席会,定期举行会议,分工合作,采取一致通过的表决方式达成协议,对海岸带地区基础设施建设、资源要素配置、生态环境治理、建设项目布局等实施统一规划和统一管理,促进海岸带的合理开发与保护。

(二)建立海洋科技资源综合利用机制

充分发挥政府的引导和协调功能,加强体制和机制创新,改变现有海洋科技资源条块、部门分割以及企业和市场参与度低的状况,以部、省、市三级共建的青岛海洋科学与技术国家实验室为平台,整合驻青高校、科研机构、海洋创新型企业的优势创新资源,组织关键技术、共性技术和实用技术联合攻关,发挥中介机构的纽带作用,形成科研合力。建设科考船、高性能计算机、大型仪器设备等共享平台,建立海洋科学基础数据库,为科学研究和技术创新提供共享服务。

以重点实验室为主体的海洋知识创新体系。以青岛海洋科学与技术国家实验室、国家重点实验室和省部级重点实验室为载体,以重大科研项目为纽带,建立开放、流动、竞争、协作的海洋科技创新基地(重点实验室)运行机制,培植和形成水平一流、资源共享、人才集聚的海洋基础科学及前沿领域创新基地。鼓励开展相关前沿技术和应用基础科学研究，支持各类重点实验室与国内外一流研发机构合作，努力取得一批具有自主知识产权的高水平科研成果，成为青岛市海洋知识创新的基地和主体。围绕青岛市海洋产业发展重点和未来产业战略布局，针对市内海洋工程技术力量薄弱问题，加大政策支持力度，积极引进相关跨国公司、知名科研院所和高校设立的研发机构或分支机构，实现青岛市海洋科研教育与服务产业的外延扩展和功能提升。

以企业为主体的海洋技术创新体系。重点扶持和发展涉海中小企业，提升涉海中小企业自主创新能力。引导企业加大研发投入，支持涉海企业加强创新基地建设，建立工程技术中心等科技研发机构，使企业成为依据市场需求变化和自身优势、自主选择创新项目的决策主体和投资主体。改革涉海科技计划管理体制，支持参与国家和地方高新技术研发项目，引导创新要素向涉海企业集聚。积极培育大型涉海企业和名优涉海产品，形成区域内承接大型海洋科技项目的企业载体，推动科技成果在本地转化。鼓励科研机构与高等院校紧密结合企业需求开展研发活动，以重点实验室、博士后流动站和海洋技术研究开发机构等产学研基地为连接点，联合建设产学研合作的海洋高技术创新战略联盟。

推动临海产业集群技术创新。以产业集群中具有较强创新能力的企业和行业研发机构为核心，合理配置研发资源，加大对集群内基础性科研、关键性技术与共性技术的研发力度，使产业集群成为自主创新的重要载体，促进产业集群技术共享、扩散和更高水平创新，推动产业集群与技术创新互动发展。

以海洋科考航次和大型实验设备共享为主体的海洋科技创新资源共享体系。由于驻青海洋科研院所隶属不同管理部门这种条块分割的科研管理体制难以在短期内得以扭转，因此，在现有海洋科研管理体制之下，建立和完善以海洋科考航次和大型实验设备为主体的海洋科技创新资源共享体系,实现海洋科考船、大型实验设备仪器、海洋科学数据等海洋科技创新资源的共享,是形成区域创新整体合力,更好地服务区域和全国海洋科技发展事业的有效举措。

发挥青岛市在海洋科学考察方面的巨大优势,充分利用驻青科研院所拥有的20余艘装备先进的各类海洋科学考察船,通过开放共享航次组织区域内和全国海洋科技单位共同开展近海、深海、远洋和南北极考察,提高海洋科考船的使用效率,发挥其在海洋环境监测、海洋地质勘探、海洋矿产及生物资源调查和取样、南北极考察等海洋调查活动方面的巨大优势,提升对海洋的认识水平,提高深海和极地开发能力。建立海洋科考数据和资料共享机制,定期发布海洋科考相关信息,将取得的数据、采集的样本面向全国开放,使驻青院所的海洋科考优势真正成为服务全国海洋事业的重要力量。

本着"资源共享、优势互补、互惠多赢"的原则,有效整合区域内政府部门、科研院所、教育单位和信息研究分析机构拥有的大、中型实验设备和仪器资源,建立海洋科研仪器设备共享的专业服务网络。部门之间在实验设备的购入和使用上进行统一谋划,避免重复购置,提高设备利用率,真正形成实验室开放、实验设备共用共管、科研信息共享的和谐局面。

充分发挥青岛海洋科学数据共享中心的作用,针对当代海洋科学研究的特点和发展趋势,面向科研、教育、开发及社会公共服务等多方面迫切需求,立足青岛国家级海洋科研、教学单位丰富的海洋科技数据资源和雄厚的科研及数据基础,建设海洋科学研究基础信息数据库、国际海洋信息数据库和专项数据库,开展历史数据抢救工作,并以此为基础开发相关业务化服务系统,建设青岛海洋科学综合信息平台体系和共享中心。

市场化程度高、运作高效的科技中介服务体系。按照市场经济要求,大力加强各类科技中介机构建设,建立集信息集散、技术评估、技术咨询、市场预测、决策支持、项目孵化、投资融资、客户服务全方位功能于一体的科技创新中介服务平台。

逐步建立起市场化、专业化、竞争性、规范化的科技中介服务组织网络系统。推动青岛市生产力促进中心、技术成果交易中心等事业型科技服务机构的社会化、专业化建设进程;积极利用国家在税收、资金等方面的优惠政策,支持发展合伙制民营海洋科技中介机构,鼓励区外有信誉的科技中介机构在青岛建立分支机构,开展科技成果交易服务。

加强科技中介机构及从业人员能力建设。通过政府或民间途径,加强与国内外知名中介机构的交流与合作,尽快实现与国际服务规范的接轨;鼓励高层次海外留学人员回国从事科技服务或创办各类科技服务机构,逐步放宽人力资本入股的限制;切实落实国家有关政策,推进职业资格证书制度,做好科技咨询师、项目管理师、质量认证师、技术经纪人等系统的职业培训和资格认定工作,不断提高从业人员的整体素质。

四、经济发展方式转变先行

我国海洋经济已进入战略转型期和快速增长期,实现海洋经济发展方式转变成为沿海各省(市)经济发展的重要任务。作为山东半岛和全国海洋经济强市,青岛市应在发展海洋循环经济和低碳经济、优化海洋产业结构等方面做好先行先试工作。

(一)积极发展海洋循环经济和"低碳"经济

充分发挥节能减排和循环经济发展专项资金的导向功能,通过增加海洋循环经济科技投入,建立海洋循环经济技术咨询服务体系等,积极推广清洁能源利用,加强节能技术改造,抓好工业、建筑、交通和公共机构等重点领域节能工作。

第一,加强海洋循环经济技术开发与推广。鼓励开展海洋循环经济共性与关键技术的自主研发与创新,积极引进和消化、吸收国外先进循环经济技术,在此基础上形成拥有自主知识产权的海洋循环经济技术体系。建立健全循环经济科技成果转化与推广应用的激励机制,加大对海洋循环经济项目的发展资金投入和政策支持力度,推动循环生产技术的研发创新和产业化应用。

第二,动员全社会力量,大力开展形式多样的节约资源和保护环境的宣传活动,提高全社会对发展海洋循环经济的认识,增强公民的公德意识和自觉性。同时,积极建立海洋循环经济信息系统和技术咨询服务体系,及时向社会发布有关海洋循环经济的技术、管理和政策等方面的信息,推动开展信息咨询、技术推广、宣传培训等活动。

第三,建设海洋循环经济示范工程和示范园区。在青岛市重点行业、产业园区开展海洋循环经济试点工作,探索发展海洋循环经济的有效模式。对于比较成功的海洋循环经济企业及生态工业园区,要及时总结经验,并作为示范工程和示范园区大力推广。同时,在新工业园区的开发建设和项目选择上,应以示范园区为榜样,在产业结构和规划布局上贯穿循环经济理念,对于具有补链或"静脉"作用的产业或企业优先考虑入园。

最后,建立完善的海洋循环经济评估指标体系。建立海洋循环经济指标体系是一项基础性工作,海洋循环经济指标体系的建立不仅为用循环经济理念指导海洋经济发展规划和海洋事业发展规划提供了指标依据,而且为评估和衡量青岛市海洋循环经济发展和运行状况奠定了基础。青岛市政府及专家学者应着手研究建立并不断完善海洋循环经济评价指标体系,在选取试点地区进行试行评估的基础上,全面评价青岛市海洋经济现状与循环经济发展要求的差距。

(二)促进海洋产业优化升级

一是加快改造和提升传统海洋产业。安排相应资金支持企业加大技术改造力度,着力攻克产业关键技术,努力在海洋渔业、海洋交通运输业、滨海旅游业、海盐及盐化工业等传统产业领域取得新突破。

二是加快发展海洋高新技术产业。把高新技术产业作为优先发展领域,用足用好国家各项优惠政策,抓紧开发和落户风电装备、光伏太阳能、海水综合利用设备、高端海洋船舶等一批重大高新技术产品,努力培育具有国际竞争力的高新技术企业。

三是加快发展海洋现代服务业。研究制定海洋服务业发展优惠政策,推动青岛市服务业发展提速、总量扩张和结构优化。重点筹划培育和发展现代物流、金融服务、信息服务、商务服务、设计策划服务等生产性海洋服务产业。围绕海洋科技创新,大力提升海洋科研、海洋教育、海洋管理等科研服务业。围绕消费升级、便民服务,积极发展生活性服务业。

五、对外开放先行

(一)建设国际海洋发展合作交流平台

发挥驻青高校、科研机构与国际海洋科研单位的合作交流优势,建设国际海洋发展合作交流中心,使青岛成为我国参与国际海洋资源开发、重要海洋科研活动和重要科技计划实施的前沿阵地,我国引进利用国外智力资源和吸收国外科技成果的重要平台。为此,政府要积极拓宽海洋发展国际交流与合作渠道,支持青岛市科学家在国际组织中担任职务,参与重大国际合作课题研究;高校、科研机构及企业应积极与国外知名大学和科研院所建立合作与交流关系。

(二)建设中日韩自由贸易先行区

借力中国与东盟自由贸易区的关系,推动中日韩自由贸易区(乃至东亚共同体)建设。由于历史和现实的复杂因素,目前,该项工作尚处在三国间的高层倡导和相关理论研究阶段,缺乏实质性步骤和有效推动。因此,在现有条件下,有必要先在胶东半岛设立中日韩自由贸易区"先行区"、"先导区"或"区域合作实验区",借鉴国外自由港、自由贸易区的建设经验,争取国家政策支持,加快前湾保税港区向自由贸易港区转型,争取将青岛列入国家跨境贸易人民币结算试点范围,推动青岛市开放型经济发展水平的进一步提升。

(三)实施经济国际化发展战略

在经济全球化和区域经济一体化进程中,青岛市必须以提高国际竞争力为目标,充分利用自身比较优势,加紧实施经济国际化发展战略,以世界眼光谋划发展,以国际标准做好工作,立足本土优势抓好各项工作的落实。

第一,充分发挥青岛市的比较优势,以抓好产品结构调整为突破口,扩大外贸出口规模。坚持以质取胜和市场多元化战略,进一步巩固亚洲及周边国家和地区等传统市场,积极开拓欧美和非洲市场,逐步形成出口产品多渠道、市场多元化的新格局。

第二,进一步拓宽利用外资渠道,提高利用外资的质量和水平。努力研究和把握国际投资贸易的新特点,开展集群招商、产业链招商等行之有效的招商活动。

第三,加强投资软环境建设。按照国际惯例和规则,配套完善地方性法规,建立健全涉外政务公开制度,形成公平竞争、充满活力的开放型经济运行机制。努力办好已有外资项目,对外商投资企业实行国民待遇,依法保护中外投资者和职工的合法权益,树立招商引资的良好形象。不断完善涉外监管、涉外服务和口岸建设三大体系,加快形成规范化、法制化、国际化的外商投资环境。

第四,稳步推进跨国经营。坚持"走出去"和"引进来"、产业结构调整和市场开拓的紧密结合,引导市内企业利用好国际、国内两种资源和两个市场,建立全球采购、全球生产、全球营销、全球服务的经营理念和发展战略。

第三节 "半岛蓝色经济核心区"建设战略

半岛蓝色经济核心区建设要立足于自身区位、资源、经济、技术等优势,选取各方面条件比较突出、发展度和集聚度最高的产业和区域进行重点谋划与布局,以"代表半岛蓝色经济区最优水平"为目标,打造一条蓝色经济带,培育五大海洋功能区,建设多个海洋特色产业聚集区,通过核心区域的高水平打造,巩固提升青岛市在山东半岛蓝色经济区中的核心地位。

一、打造一条蓝色经济带

围绕"环湾保护、拥湾发展"战略,积极培育形成以环胶州湾区域为中心,以胶州湾东、西两翼为新增长极的"一湾两翼"蓝色经济发展布局,合理配置临海产业,建设以港口物流、现代渔业、临海工业、滨海旅游、海洋生物、海水综合利用等特色产业为支撑的蓝色经济集聚带。

二、培育五大海洋功能区

(一)董家口港口及临港产业区

董家口港口位于原胶南市沿海。港区及临港产业区规划面积70平方千米、码头岸线长约35.7千米,泊位112个,设计年吞吐能力3.7亿吨,将成为国家枢纽港青岛港的重要组成部分,打造国家重要能源储运中心和大宗干散货集散中心、青岛市重要重化工业聚集区和功能完备的胶州湾西海岸现代化新港城。

加大港口建设力度。尽快完成港区中心路、疏港铁路连接线、港区雷达站、疏港一路、子信路、北一突堤填海造地、港区查验设施、防波堤和主航道等重点公用基础设施建设;加快推进山东鲁能

第六章 青岛蓝色经济区功能定位与发展战略分析

集团 5 万吨级和 3.5 万吨级通用码头、青岛港铁矿石码头、新加坡万邦铁矿石码头、中石化 LNG 码头和大唐电力散货码头的建设进度,做好香港现代货箱深水集装箱码头、中铝氧化铝及专用码头、中盐物流中心等重大项目的引进工作。到 2020 年,形成 8 000 万吨港口吞吐能力。

加大产业培育力度。引进国内外知名航运企业,重点发展能源储运和大宗干散货运输等港口物流业。大力发展钢铁、能源、重化工等临港工业。

建设临港新城。依托泊里镇和琅琊镇,规划建设现代化新港城。通过完善基础设施和提升商贸、信息、居住以及教育、医疗等社会综合服务功能,为港口及临港产业区发展提供生产和生活保障。

加大政策支持力度。调整港区海洋功能区划,争取列入国家一类开放口岸。

(二) 胶州湾西海岸经济区

在胶州湾西岸规划建设包括青岛经济技术开发区、青岛前湾保税港区、出口加工区在内的总面积 275 平方千米的胶州湾西海岸经济区,打造东北亚国际集装箱中转中心、国际期货交割中心、国际物流中心、自由贸易港区、山东半岛高端制造业和研发转化基地和滨海旅游度假区。胶州湾西海岸经济区是山东半岛蓝色经济区重点建设的三个海洋经济区之一,为了加快建设步伐,应重点实施如下三项措施。

第一,完善基础设施体系。加快青连铁路、疏港高架二期、污水处理厂等基础设施项目建设;加大文化、教育、医疗、体育、科技等基础设施建设力度,完善和提升城市功能。

第二,推动保税港区向自由贸易区转型。实现保税港区封关运作,带动港口国际中转业务快速增长,搭建国际一流的自由贸易服务平台,加快推进东北亚国际航运中心建设。

第三,调整优化产业结构。培育壮大港口物流、港航服务、跨国采购、创意研发、滨海旅游、服务外包、信息中介等现代服务业,大力发展船舶修造及海洋工程制造、汽车、石化等临港工业。加快大炼油二期、直升机制造、唐岛湾国际游艇俱乐部、海上嘉年华等产业项目建设。

(三)高新区胶州湾北部园区

高新区胶州湾北部园区位于胶州湾北部,距前湾港45千米,距市中心35千米,距流亭国际机场10千米,紧邻环胶州湾高速公路、济青高速公路、胶济铁路等交通主干线,规划总面积63.4平方千米。胶州湾北部园区的发展定位是:建设青岛市体制机制创新先行区、高新技术产业聚集区和海洋生态文明示范区,辐射带动红岛、上马、棘洪滩、河套等周边区域发展,打造第三代生态型科技新城。

完善创新机制和环境。探索创新发展模式,营造适宜创新创业的人文环境和科技生态,集聚创新要素,健全科技创新体系,发挥创新集群对高新技术产业发展的引领和支撑作用。

发展高技术产业。瞄准国际国内一流高新区发展水平,跟踪世界产业技术发展趋势,鼓励自主创新,扩大对外开放,重点发展电子信息、生物医药、新材料、新能源和高效节能设备、海洋科技、新型环保等高技术产业。加快海洋生物和活性物质提取与加工、重型锻造操作机和工业机器人、专用汽车、电力环保催化剂、生物设备与医药、数据中心产业园等产业项目落地建设。发展科技与信息服务业、金融业和总部经济,为园区发展提供便捷服务。

重视生态文明建设。把胶州湾和河口保护放在首位,强化资源集约利用,构建循环经济体系,树立产业发展零排放的目标理念,发展高端、绿色特色产业,严格项目入园环保门槛,促进生态科技园区建设。

建设第三代生态型科技新城。高标准规划建设园区道路、地下管网、水系景观等基础设施;加快红岛、上马、棘洪滩、河套等周边区域发展,建设创意动漫基地,发展旅游、商贸、居住、医疗、教育、文化等服务业,为园区发展提供服务和支撑。

(四)胶州湾东海岸现代服务业区

规划总面积 77 平方千米的胶州湾东海岸现代服务业区,包括市南、市北环湾片区 8 平方千米和四方、李沧、城阳环湾片区 69 平方千米的区域,着力打造集新型宜居、商务办公、港航经济、邮轮经济、旅游休闲于一体的滨海新城区。

加快老城区企业搬迁改造。利用 5 年左右的时间,基本完成对老城区范围内影响城市铁路和道路等基础设施重点项目建设、影响居民生活和居住环境、不符合城市功能规划和影响服务业发展、周边配套不能满足自身发展需要的 4 类企业的搬迁工作,并对严重亏损、扭亏无望的企业依法予以破产关闭。

推进重点区域规划建设。市南、市北西部片区,结合港区功能提升更新,加快推进南中北岛、小港湾区域建设,打造港航经济服务区,同时发展旅游、商务、休闲产业,塑造优美的湾口天际线,构成拥湾城市形象的主要节点。打造中山路—火车站商贸旅游聚集区,重点发展特色街区和栈桥景区观光游,兼顾休闲业态游,建设国内外知名度更高、特色更加鲜明的中高档商业旅游区。四方、李沧至城阳环湾区域,积极实施老工业区的产业转型和空间重组,以高端生活性服务业、都市工业、总部经济、文化创意产业、海上旅游为核心业态升级换代都市产业;按照多组团、紧凑式、疏密相间的复合规划理念,建设四方滨海欢乐城、李沧新客站周边商务办公区和流亭现代服务业区,打造集工、商、住于一体的现代化滨海城市组团。

推动重点项目建设。近期主要抓好胶州湾高速市区段拓宽、快速路三期、铁路青岛客运北站等重大基础设施项目建设。

(五)鳌山海洋科技创新及产业发展示范区

鳌山海洋科技创新及产业发展示范区涵盖即墨市鳌山卫镇、

温泉镇以及崂山区的王哥庄街道,规划面积316平方千米,集中打造我国海洋领域最主要的科技资源共享平台、国家海洋科技创新基地、山东半岛高端会议中心、商务会展中心、滨海旅游度假中心和青岛市东翼海湾型新城。

加大海洋科研机构引进力度。依托青岛海洋科学与技术国家实验室、深海基地等重大项目,面向国内外引进海洋领域科技研发机构,打造我国海洋领域最重要的科技资源共享平台、国家学术交流中心、海洋科技创新基地。

着力培育发展高端服务业。依托港中旅海泉湾旅游项目、温泉旅游度假区、南山会展中心、飞利浦服务外包学院、仰口国际旅游度假区等重大项目,发展滨海旅游、温泉度假、疗养康复、商务会展等服务业,建设山东半岛高端会议中心、商务会展中心和滨海旅游度假中心。

建设海湾型新城。统筹即墨鳌山卫镇、温泉镇以及崂山区王哥庄街道的建设规划,搞好基础设施建设,加快发展商贸流通、信息、居住以及教育、医疗等综合服务业,为周边产业发展和项目建设提供服务和支撑。

三、合理布局海洋特色产业聚集区

(一)现代渔业聚集区

现代渔业聚集区包括7个区块,即规划养殖面积8.4万亩的鳌山湾池塘及底播增养区,养殖面积2.3万亩的车岛东部网箱及藻类养殖区,养殖面积1.7万亩的田横岛南部网箱及藻类养殖区,养殖面积3万亩的薛家岛网箱及藻类养殖区,养殖面积5万亩的灵山湾网箱及藻类养殖区,养殖面积2.8万亩的崂山湾南部网箱及藻类养殖区,养殖面积1.6万亩的赭岛北部养殖区。

(二)滨海商务旅游度假区

少海旅游商务区。该区位于胶州市城区以东区域,重点发展

第六章 青岛蓝色经济区功能定位与发展战略分析

以高档住宅、中高档写字楼为主的房地产业和以滨水休闲、观光为主的旅游业,建成集自然生态、滨水休闲、高档居住、度假旅游等功能于一体的城市滨水综合功能区。

青岛主城区前海海滨及水域风景区。该区位于团岛至麦岛一线,包含团岛湾、青岛湾、汇泉湾、太平湾、浮山湾等海湾、滨海岸线及近海水域。区域内以海滨浴场、海滨旅游、海上观光休闲为主,体现欧陆风情建筑群和中国新文化运动名人故居特色,是集体育、旅游于一体的大型国际海上体育运动旅游中心和国际邮轮港、青岛海上休闲运动旅游中心与主要集散地。

此外,还有崂山风景区、百果山旅游会展区、石老人—麦岛旅游度假区、凤凰岛旅游度假区、琅琊台旅游度假区、仰口旅游度假区、灵山湾旅游度假区、丁字湾生态旅游区等诸多风景宜人的旅游度假区。

(三)现代商务服务业区

香港中路综合服务业聚集区。位于市南区南部,重点发展金融、总部经济、商贸流通、文化创意、旅游休闲、中介等产业,建成山东半岛及环渤海经济圈南部的金融和商务中心。

市北中央商务区。位于市北区中部,重点发展金融、中介和总部经济,建成青岛市主城区重要的商务中心区。

四方城市新都心。位于长沙路、清江路、南昌路、黑龙江路围合区域,重点发展高档居住、商务办公、文化创意、休闲娱乐等产业,打造双山生态公园、SOHU集群、汽车公园、国际居住社区、中央政务公园和创意商业区等功能板块。

崂山综合服务业聚集区。位于崂山区西南部,重点发展总部经济、会展业、金融业、商贸流通业、体育和以休闲为主的旅游业,建成青岛重要的综合服务业聚集区。

城阳临空(港)经济服务区。位于双元路以东、青银高速以西、白沙河以北、墨水河以南的围合区域,重点发展金融保险、总部经济、信息咨询、休闲娱乐、商务商贸等产业,建成综合配套服务水平较高的临空经济服务区。

红岛综合服务业聚集区。位于胶州湾底部,包括红岛街道环胶州湾高速公路以南部分,重点发展高档居住、商务办公、旅游度假、文化创意、科技研发等产业,为周边产业区提供现代化综合服务。

辽宁路—台东商贸聚集区。位于市北区中西部,重点发展以IT产业为主的科技与信息服务业,以百货店、大中型超市、特色品牌店、特色餐饮街区等为主的商贸流通业,以图书、广告、字画为主的文化创意产业,以科技、商业、文化、体育为主的中介服务业,力争建成青岛市最大的综合性商业中心区。

(四)港口物流聚集区

保税港区国际物流园区。位于黄岛区前湾港西侧,由前湾保税港内部的保税物流园区和综合物流区整合而成,规划占地面积9.72平方千米,主要提供国际中转、国际配送、国际采购、国际转运等保税物流服务。

前湾国际物流园区。位于淮河路以南、江山路以东、嘉陵江西路与长白山路以北,规划面积9平方千米,以前湾港为依托,为青岛市、山东省及周边省市的外贸进出口提供物流服务。

胶州湾国际物流园区。位于胶州市西外环以东、同三高速以南、胶平路以西、北外环路以北区域,规划面积6平方千米,核心功能是为集装箱公铁、海铁联运物流提供组织服务,完善青岛市多式联运系统。

城阳空港物流园区。位于青岛流亭机场东南及东北两侧,是青岛市空港物流的组织核心,目前规划面积2.5平方千米,其中青岛保税物流中心占地约0.8平方千米。依托区域内临空产业发展,园区主要服务于临空高新技术产业的航空物流服务需求,并兼顾青岛市及山东半岛航空物流服务需求,通过提升航空物流服

第六章 青岛蓝色经济区功能定位与发展战略分析

水平,建设面向中、日、韩的区域性国际航空物流中心。

城阳综合物流园区。位于城阳区双元路以西、正阳西路北侧,临近204国道和济青高速,主要为胶州湾北部产业聚集区提供相关物流配套服务,并辐射青岛及周边地区的分拨、仓储、配送业务,与空港物流园区部分功能互补。园区以机车、纺织等产业的物流需求为服务重点,同时具备城市商贸配送服务功能。

胶南董家口物流中心。位于董家口港以北区域,临接同三高速和204国道等公路交通主干道,规划面积4.5平方千米,主要为董家口区域的港口运输、石化、钢铁以及船舶制造等产业提供服务。

胶南临港经济开发区物流中心。位于原胶南市北部,临港经济开发区内,与204国道相邻,规划面积1平方千米。该物流中心既服务于临港经济开发区的工业企业物流需求,同时也兼顾商贸、农业、生产生活资料等的物流需求。

李沧娄山物流园区。位于娄山河以北,环胶州湾高速公路李沧段东、西两侧,北至瑞金路,东到安顺路,规划面积约3平方千米。该园区致力于打造以现代信息网络为支撑的多式联运物流园和城市物流配送基地,建成青岛市重要的公路交通物流集散中心。

即墨田横物流中心。位于即墨市田横镇驻地,王家山、西凤山以南,南邻田横度假区,紧临鳌山港区及女岛船舶产业基地,规划面积3平方千米。该物流中心主要为女岛船舶工业功能区提供配套服务,未来逐步提升港口物流服务功能,形成集商贸、信息、综合服务等功能于一体的临港物流中心。

莱西盐业配送中心。位于莱西市经济开发区北部工业园,梅山路以南、扬州路以西,规划占地面积0.1平方千米,主要从事食盐、畜牧盐和工业盐的仓储及配送业务。

(五)现代装备制造业聚集区

胶州湾北部高速列车产业园。包括城阳区和高新区胶州湾北部园区两个生产基地，重点发展动车组、城轨地铁、高档客车及关键零部件技术开发制造，轨道交通屏蔽门制造，轨道交通用高性能金属材料制造，通信讯号设备研发、设计和制造，车站设备电子监控设施与集成的设计与制造，客车改造与维修等核心业务，重点突破高速列车牵引电机、牵引变流器、制动系统等关键技术，重点引进高速列车空调、连接器、集便装置、水箱等配套生产企业，推进中国高速列车产业化制造基地建设。

黄岛汽车及零部件生产基地。位于上海通用五菱厂区及东侧、西海岸出口加工区东侧，重点建设上汽通用中高档车出口基地，推进上汽零部件产业园、上汽通用五菱产能扩大、柳州五菱联发汽配三期、雷沃重工二期、台湾六和方盛汽车零部件项目、辉门汽车零部件工业园等项目，建造和引进柳州专用车、金华龙专用车、南非特种车等专用车辆。

即墨汽车及零部件生产基地。位于即墨市城区东北部龙泉镇内，重点发展载重车、轻型车及汽车零部件研发、制造、销售，打造胶东半岛汽车零部件配套产业基地。

海西湾船舶及海洋工程产业基地。位于薛家岛湾及周边陆域，是国家重点规划的船舶工业区。通过引进拥有核心技术和关键产品的国内外高端企业，发展船舶配套、特种船舶、游艇及核心配套项目，建设国家级大型船舶工业基地，打造世界级的海洋造修船和海洋工程制造基地。

即墨船舶及海洋工程产业基地。位于即墨市田横半岛，造船区位于女岛港周围，配套产业区位于王村镇西南部，研发区位于田横半岛中部，重点发展游艇、船舶及零部件制造，打造青岛市重要的船舶工业基地。

董家口装备制造业基地。位于董家口港区以北，规划布局海洋工程装备、船舶配套装备、港口机械、环保设备、新能源设备、电力工程设备等大型现代装备制造业项目。

第六章 青岛蓝色经济区功能定位与发展战略分析

黄岛北部现代装备制造业聚集区。位于黄岛区北部,重点发展以临海电子信息、精密机械、大型装备、直升机制造及维修、汽车零部件等为主的高科技、低能耗、低排放、出口型的先进制造业。

青岛临港经济开发区。位于胶南市东北部,重点发展家电电子、汽车零部件、船舶零部件、环保设备、船舶修造等产业。

胶州产业新区。位于胶州湾西海岸,东临胶州湾,西至环胶州湾高速公路,重点发展船舶零部件、石化装备、轻纺专用设备、电力电器装备、IT电子及信息等产业。

城阳特种汽车及零部件产业基地。位于城阳玉皇岭工业聚集区、棘洪滩金岭工业聚集区以及出口加工区配套产业区,重点发展特种汽车及发动机、盘式制动器总成、驱动桥总成、自动变速箱、柴油机燃油泵等的研发与制造产业。

莱西汽车配件产业基地。位于莱西市姜山轻工业功能区,重点发展汽车橡胶轮胎、汽车零部件、工程机械配件、农业机械配件、万向节、汽车电器仪表配件等的研发与制造产业。

(六)重化产业聚集区

黄岛国家级石化基地。位于胶黄铁路东侧,跨海大桥以南,秦皇岛路—海河路—黄王路以北,以青岛大炼油工程为龙头,包括丽东化工在内的约9.18平方千米的石化一期用地和约1.9平方千米的石化产业发展用地。依托已建成的1 000万吨大炼油项目等产业基础,重点推进1 200万吨大炼油、芳烃、苯乙烯、烷基化及聚苯乙烯等项目建设。

董家口重化工业基地。该基地由石化产业园和冶金产业园构成。石化产业园位于现204国道至规划用地北侧边界,规划布局乙烯工程及后续产品深加工项目。冶金产业园分为两部分,其中,钢铁和氧化铝项目位于启动区与横河以西、沐官岛水库以北、预留发展区以东、现状204国道以南地块;山东钢铁深加工项目位于规划铁路线以东、装备制造产业园以西、滨海公路以南、物流区和董家口港区以北。

青岛新河生态化工科技产业基地。位于平度市新河镇西北部,东临泽河与姜家村,西靠北胶莱河,南接264省道,北至胶莱河与泽河交汇处,重点发展盐化工、精细化工和专用化学品产业,并积极承接青岛市区及各区(市)化工企业转移。

(七)海岛保护与持续利用示范区

田横岛岛群旅游区。包括田横岛及周边驴岛、牛岛、马龙岛、赭岛、三平岛等。实施海岛、海岸生态、植被和礁石、滩涂的严格保护,以齐文化和海岛渔村民俗为主调,规划建设具有较高文化品位的历史文化景观,开发渔村家庭度假、游客参与性海上运动、休闲渔业活动。

大、小管岛岛群旅游区。包括长门岩保护区、大管岛景区和小管岛景区在内的大小16个岛屿,主要发展海岛生态观光与渔村休闲度假旅游。

竹岔岛岛链旅游区。包括竹岔岛、大石岛、小石岛、脱岛及周边海域,建设以观光、休闲、海上游乐、渔家风情为特色的现代海岛旅游度假区。

灵山岛旅游区。严格保护海岛和周边海域生态环境与自然风光,限制旅游客流量,以海岛生态休闲、渔村度假及海岛地质地貌为主要特色,建设高品质的生态休闲旅游目的地。

(八)海洋资源综合利用和能源开发聚集区

崂山生物产业园。位于科技城创智谷内,借助青岛国家生物产业基地核心区的政策优势,加强招商引资,吸引国际国内知名的生物企业和科研机构落户园区。开发一批拥有自主知识产权的海洋生物医药和保健产品,形成1~2个国内领衔的海洋药物与生物制品企业集团。

胶州湾北部生物产业基地。位于东风盐场东半场南部、羊毛沟西侧,重点发展生物功能制品、生物制药及生物资源高值化利用等生物工程产业化关键技术,开发生物制品与医药新品种,打造国内重要的生物产业创新创业基地。

胶州湾北部新材料基地。位于海玉盐场北半场中部,正阳路以北。结合产业发展对新材料的需求,加强新材料技术及产品的研究与开发,重点发展电子信息功能材料、功能纤维新材料、特种金属材料、新型复合材料和清洁能源新材料等。

海洋能源利用区。对位于沿海地带的居住、商务楼宇集中区域,结合具体条件,推广使用海水源热泵;在海洋风能资源丰富的适宜海岛和沿海山区,以及年有效风能密度和出现频率较高区域,开发利用风能;在黄岛区张屯岛以东,即墨大、小管岛周边,胶南斋堂岛周边开发利用潮流(海浪)能。

(九)海洋科普教育服务区

崂山科普教育服务区。依托崂山中心区科研、会展、文化设施聚集优势,高等教育设施聚集优势和崂山景区的环境优势,沿张村河流域积极培育建设科技城,做大做强科研产业。在极地海洋世界西侧规划新建青岛市科技馆,突出海洋地理、海洋地质、海洋气象、海洋生物、造船、航海等海洋科普知识主题,发展参与性、趣味性海洋文化科普旅游,进行海洋国土观教育。

前海科普教育服务区。以中国海洋大学(鱼山校区)、中科院海洋所、海军博物馆、海底世界等为依托,充分利用海洋军事文化、展览馆、海洋实验室、图书、标本等资源优势,传播海洋科普知识,打造集爱国教育、海洋科学知识普及、科学思想传播、科普产品开发、旅游观光于一体的特色海洋科普基地。

鳌山小岛湾科技研发区。位于鳌山卫小岛湾,依托青岛海洋科学与技术国家实验室、深海基地等重大项目建设,打造我国海洋领域最主要的科技资源共享平台、国家学术交流中心和海洋科技创新基地。推进山东大学科技研发基地、飞利浦服务外包学院等高等院校建设。

黄岛科技研发区。依托海西湾造船工业基地、黄岛新技术产业开发试验区、西海岸临港重化工业产业区，配套建设和发展以先进制造业研发为特色的科研园区。

大洋科考服务港区。选择合适区域规划建设科考船集中停靠服务港区，为大洋科考提供后勤服务，同时发展科研、科普、观光旅游等产业。

第四节 "半岛蓝色高端产业聚集区"建设战略

一、优化提升传统海洋产业

（一）海洋渔业

目前，可养殖水域大幅度缩减和近海渔业资源消耗过度带来的海水养殖发展空间危机与海洋捕捞资源存量危机，迫切需要青岛市调整渔业产业结构，转变渔业发展方式，利用更少的资源实现更大的效益。而远洋渔船装备水平比较差，渔业产业化和规模化水平较低，知名品牌较少，水产品加工业规模化、精细化和本地化程度不高等问题制约了青岛市海洋渔业向现代渔业转型的步伐，亟须实现突破。根据国内外海洋渔业发展趋势，青岛市应以青岛市海洋生物领域科研力量为依托，以打造生态高效品牌渔业为目标，围绕优质海水种苗繁育、现代化海水养殖、水产品精深加工等领域实施技术创新、成果转化和发展模式转变，推动实现海洋渔业产业结构调整和布局优化，形成海洋渔业可持续发展能力。

做大做强海水养殖投入品产业。受养殖岸线长度、海域使用功能转变等因素影响，青岛市在海水养殖方面并不占优势，寻找海水养殖业产业链条中具有比较优势的环节集中突破，做大做强，是今后青岛市海洋渔业发展的必然选择。目前，扇贝、海参、鲍鱼、鲆鲽类等多个品种在山东省及周边省份都形成了较大的养殖规模,对优质水产良种、鱼药和饲料的需求较大,今后,要给力投入品产业的发展,形成更大的市场规模。以全国最强的海洋生物技术力量和科研队伍、北方最大的水产苗种产业化基地作为技术支撑和产业转化平台,做大做强海水种苗产业,突出发展海参、鲍鱼、鲆鲽类等重点品种的苗种繁育,巩固强化海水鱼类、贝类、海珍品新品种研发和产业化优势。加快发展鱼药、饲料产业,重点开发与工厂化养殖相配套的鱼药和饲料产品。

发展健康安全的现代海水养殖业。调整优化海水养殖结构,重点抓好海参、鲍鱼、优质海水鱼类等主导品种的健康养殖,力争打造几个产值过 5 亿元、10 亿元的优势养殖品种。加快标准化基地建设,重点推进集中连片、设施配套、集约高效的标准化健康养殖园区建设,优化养殖区域布局,着力打造沿海养殖产业带。实施养殖池塘标准化、规模化改造,深水抗风浪网箱养殖示范区建设,工业化集约节能养殖、浅海大型藻类规模化养殖和浅海底播标准化增养殖等标准化生态养殖示范工程建设,探索健康安全的海水养殖模式。尽快在青岛市范围内示范推广循环水养殖,减少养殖污水排放,降低海水养殖对海域环境的影响。

发展装备先进的海洋捕捞业。积极推进海洋捕捞业结构调整,加快海洋捕捞业"走出去"步伐,巩固发展远海性渔业,加快发展大洋性渔业,重点开发公海资源。加大对国内外远洋渔业企业的招商力度,整合企业力量,鼓励企业和船主"并小建大,拆旧建新",改善渔船装备,提高人员素质。强化远洋渔业配套港口、基地建设,夯实行业发展基础。扩大海洋捕捞业对外经济技术合作,提升青岛市参与国际渔业资源开发与竞争的整体水平。

建设海洋牧场。根据不同海域的自然环境、地理区位及海域功能,在稳步发展经营性人工鱼礁基础上,加大对公益性人工鱼礁建设的投入。引入国外海洋牧场建设标准,建立"人工生态调控+

增殖放流＋浮式人工鱼礁＋底层人工鱼礁＋渔业管理＋技术引导"人工鱼礁生态调控新模式，构建基于视频、声学、遥感、经济学模型与生态系统模型的人工鱼礁增殖效果综合评价技术体系。人工鱼礁所在海面设置垂钓平台供游人垂钓，海底发展人工鱼礁潜水观光，打造集渔业环境修复、资源增殖、娱乐性游钓于一体的"人工海上牧场"。

发展高附加值的水产加工业。瞄准国际、国内两个市场，扩大水产品加工规模，提高加工水平与产品档次。实施水产品加工出口带动战略，稳步发展金枪鱼、鲆鲽类、鳕类等价值较高鱼类的进料来料加工，在稳定发展冷冻等初级产品的基础上，加大罐装食品、半成品、即食食品的开发力度，增加产品附加值。依托优势水产品养殖区，扩大本地养殖产品加工比重，开发活鱼运输、冷鲜保鲜等新型加工方式和鲜活、冷鲜、快餐、休闲等水产食品，并通过企业与养殖基地的密切联合，带动上游海水养殖业发展，形成完整的"水产养殖—加工—贸易"产业链。实施质量安全战略，通过引进国际先进的质量管理系统，把水产品质量监控延伸到苗种、养殖、储运、加工的全过程，提高水产品国际竞争力。

(二)海洋交通运输业

国内外港口间的激烈竞争，造成青岛港集装箱吞吐量虽逐年上升，但在世界和全国的排名却在下降，货源腹地也正在逐步流失，集装箱吞吐量从全国第3名滑落至第5名。与此同时，日趋频繁的国际贸易和大宗货物运输对运输效率与安全性能要求的日益提高，也对青岛港港口功能、服务水平和运输模式等提出了新的挑战，迫切需要其转变发展方式，优化和重组运输模式，以提升国际影响力和竞争力。

继续完善港口物流基础设施。完善以港口为中心的集疏运系统，加快疏港专用通道及配套基础设施建设，重点做好港区高速公路接港和铁路进港，提高疏港能力，加强航道工程建设与监控保障

第六章 青岛蓝色经济区功能定位与发展战略分析

设施建设,完善港区生活、办公设施配套。充分发挥海湾大桥连接青岛老港、油港、前湾港的独特区位优势,打造提升青岛港陆路集疏运能力的快速交通要道。稳定推进董家口新港城建设,拓展青岛港发展空间,提升区域物流集散地功能。

表 6-3　2011～2013 年青岛港集装箱吞吐量全国排名变化表

序号	2011年			2012年			2013年		
	港名	集装箱吞吐量(万标准箱)	同比增幅(%)	港名	集装箱吞吐量(万标准箱)	同比增幅(%)	港名	集装箱吞吐量(万标准箱)	同比增幅(%)
1	上海港	3 174	9.3	上海港	3 252.9	2.5	上海港	3 361.7	3.3
2	深圳港	2 257	0.3	深圳港	2 294.1	1.6	深圳港	2 327.8	1.5
3	宁波—舟山港	1 472	11.8	宁波—舟山港	1 683	14	宁波—舟山港	1 732.7	7.1
4	广州港	1 426	13.4	广州港	1 474.4	2.2	青岛港	1 552	7
5	青岛港	1 302	8.9	青岛港	1 450	11.4	广州港	1 530.9	3.8
6	天津港	1 159	14.8	天津港	1 230	6.2	天津港	1 300	5.7
7	厦门港	646.5	10.9	大连港	806.4	25.9	大连港	991.2	22.9
8	大连港	640	22.1	厦门港	720.2	11.4	厦门港	800.8	11.2
9	连云港港	485	35.3	连云港港	502	46.6	连云港港	548.8	9.3
10	营口港	403	20.8	营口港	485	20.3	营口港	530.1	9.3

资料来源:由中国港口网统计数据整理而成,http://www.chinaports.org.

发展综合性港口物流服务,构建一体化供应链物流网络。国际港口发展逐步从单一的装卸港口转变为综合性服务港口,从初级的货物装卸提升为高级的货物交易、金融和信息服务,港口的价值取向也从追求吞吐量向追求利润、效益和节能环保转变。完善港口综合物流、商贸、信息等服务功能,将信息流、资金流、物流等融合在一起,从单一的装卸服务扩展为一体化的供应链管理和综合物流服务,向"第四代港口"迈进,是青岛港面对日益激烈的国际竞争作出的必然选择。

根据"国际第四代港口"概念,作为物流链上的一个重要节点,港口功能的延伸应该是面向陆海,满足客户对及时准确、无货差无损耗和低成本的综合要求,为客户提供完整的物流链。因此,青岛港应在继续发挥其装卸、转运功能基础上,主动联合供应链上供应商、分销商、物流服务商等重要物流节点企业,协同发展,互利共赢,构建一体化、无缝隙的供应链物流网络,延伸港口物流功能,在提升供应链整体服务水平过程中实现自身发展。

做大做强大宗货物现货、期货交易市场,培育形成在国内国际有较大影响力的铁矿石价格指数。凭借全球领先的铁矿石、原油码头,辐射全球的快速便捷的集疏运物流网络,以及港区充足的陆域堆存空间,打造国家级大宗干散货集散中心。进一步建设铁矿石、煤炭及原油交易市场,将全球供货商聚集在青岛港。借助于全国最大进口铁矿石集散中心的地位,推出青岛港铁矿石现货基准价或价格指数,并定期发布,使之成为反映和指导全国铁矿石现货交易的价格"晴雨表"。

整合区域内外港口资源,强化港口间分工与合作。对内发挥前湾港、黄岛港、董家口港的比较优势,积极调整港口功能布局,强化港口经营业务集聚效应,集装箱、铁矿石、干散货等分别集中布局、集中经营,以实现船舶调配、设备利用的高效率;对外加强与日照港、烟台港和威海港的业务联系与信息交流,充分利用青岛港在航线全球布局、品牌经营、市场营销和规模效应等方面的综合优势,发挥日照、威海等港口区位、集疏运和充裕的岸线资源等后发优势,实现优势互补,提升青岛港在环渤海地区的竞争力和影响力,打造北方国际航运中心。

(三)滨海旅游业

目前,青岛市滨海旅游业发展面临一系列问题,包括以近岸观光为主要旅游形式的状况并未改变、旅游产品层次比较低的问题,旅客在青逗留时间短、对地方经济拉动作用小的问题,以及滨海旅游季节性极其明显的问题等,迫切需要调整战略部署,实现产业优化提升。而世界范围内旅游形式不断丰富、旅游层次不断提升、旅游空间逐渐向海上拓展的滨海旅游业发展趋势为青岛市滨海旅游业发展指明了新的方向。

整合区域现有旅游资源,重点开发休闲度假资源,打造富有吸引力的旅游网络。以休闲度假资源开发为重点,着力建设几处功能齐全,吃、穿、住、行和购物设施配套完善,吸引力大,承载能力强的综合性休闲旅游度假区。其中,东翼以温泉为中心,着力打造集温泉休闲度假健身、国际顶级会议和高档接待、高端会展、高端居住于一体的即墨东部旅游度假区;西翼打造集生态体育、旅游度假、会务会展、娱乐休闲于一体的灵山湾度假区;围绕丰富的海岛资源,加强青岛国际休闲旅游岛群建设。同时,通过科学规划旅游线路、加强宣传引导等措施整合区域内旅游资源,打造"滨海一线旅游与内陆县市旅游相结合、自然景观与人文景观相结合、实体旅游产品与海洋文化旅游产品相结合"的大旅游网络,为发展滨海休闲度假旅游提供更为广阔的平台,提高旅游综合竞争力。

拓展旅游业态,提升滨海旅游产业层次。在稳定传统滨海观光旅游的基础上,借助温泉等特色资源、酒店等旅游设施和系列展馆,开发滨海度假旅游、海洋科普旅游等新型滨海旅游系列产品;利用青岛远郊和偏远渔村的海洋环境优势,开发生态渔业观光、渔村风情体验等渔村系列度假产品,疏导客流,缓解旅游旺季客流压力;以奥帆基地、邮轮游艇码头和各种类型的俱乐部等为载体,发展帆船帆板运动和游艇竞技等海上体育运动项目,开发海上垂钓、游艇观光、海上婚庆、游艇商务以及游船度假等海上旅游新产品；发挥极地海洋世界、海底世界等著名展馆，以及建成或在建中的游艇俱乐部的设施、海域、市场优势，开发潜水、海底观光等海底旅游产品。

　　开辟海上旅游航线，打造海上大旅游交通网络。结合轮渡及客运码头、陆岛交通码头、专用旅游码头以及专用游艇码头等基础设施建设，以青岛市本土化、专业化游艇制造企业和游艇俱乐部为运营主体，以双体、高速、美观、轻型游艇投放为主，开辟对内连接青岛重要旅游港湾、岛屿和景点的城市滨海旅游航线、陆岛旅游航线和岛屿间旅游航线，打造青岛海上巴士交通圈；结合国际邮轮母港和邮轮大厅，以及旅游目的地游艇码头建设，加强与环渤海经济圈以及东北亚港口和国际邮轮公司合作，投入大中型豪华游艇，吸引远程国际邮轮，开辟对外连接山东半岛城市群、辽东半岛、江浙沿海及朝鲜半岛的跨区域旅游航线，打造跨区域海上旅游交通网络，形成近岸小型游艇、大中型豪华游艇和大型邮轮有机结合，小快艇穿插其间，旅游线路长短结合，能够满足高端和大众化不同消费需求的海上大旅游交通格局。

　　游艇设计制造和码头建设是海上旅游交通网络形成的两大硬件。一方面应积极发展游艇制造产业，以打造我国北方最大的游艇租赁交易市场和配件交易中心为抓手，促进形成完善的游艇制造和交易产业链条，为打造海上旅游交通网络提供运载工具支撑；另一方面，政府应围绕重要海上旅游航线积极建造经营性旅游和游艇码头以及海上移动平台，为海上旅游交通工具的停泊提供便利。

　　另外，鉴于当前海上旅游岸线和海域多头管理体制下产业资源整合的高难度和低效率，海上旅游大交通网络建设有赖于成立综合性海上旅游管理机构，以便有效协调海事局、港航局和边防支队等相关管理部门，统筹岸线和海域使用，实现旅游码头和海上航线的合理设置与布局。

积极开拓国际市场,打造国际海滨旅游度假城市。加强对国际滨海旅游市场的产品信息搜集和游客需求调查,根据自身特色和优势进行国际旅游市场定位,明确潜在的国际游客目标群体,根据其需求特点有选择地开发特定旅游产品。结合渔村民俗保护与开发和高尔夫球场建设,以高档渔区民俗度假村为先导,开拓以日、韩为主的国际休闲度假市场;积极举办海洋科技交流、节庆、国际体育赛事以及国际会议等,增强对欧美客源市场的吸引力。

发展独具特色的蓝色文化旅游,丰富滨海旅游业内涵。文化是旅游的灵魂,旅游是文化的载体。充分挖掘青岛市旅游文化资源,以历史人物缅怀、历史事件回顾等主题发展历史文化旅游;以产业发展脉络和生产过程展示为主题发展海盐文化旅游、烟草文化旅游等特色产业文化旅游;以渔村生活体验为主题发展渔业文化旅游。同时,加大海洋文化节的宣传推介力度,努力打造青岛市海洋文化旅游品牌。

(四)海盐及盐化工业

海洋盐业是青岛市的传统海洋产业,已有2 000多年的发展历史。近年来,面对潍坊、东营等海盐主要生产地区的竞争压力,青岛市坚持错位发展理念,改变依赖大面积滩涂和岸线占用为主的传统盐业发展模式,不断缩小盐田面积,将发展重点转移到盐产品精深加工和盐业物流现代化建设上来,青岛市海盐业发展格局发生了巨大变化。一方面,盐田面积不断收缩,但基础生产力水平不断提升。另一方面,新技术、新工艺的研发应用促进了盐产品结构和质量的优化与提升。

然而,与世界发达国家,国内盐及盐化工强省、强市相比,青岛市海盐和盐化工业发展差距仍比较大,突出表现在:科技投入不够,自主创新能力弱,企业初级产品多,高端产品少,产品附加值低;能耗高,污染重,产业链短;基础设施落后,资源开发的综合效益低,企业竞争力不强等。鉴于此,应从以下三方面着手解决青岛市海盐业发展面临的问题。

加大科技研发和引进力度,提高产业技术水平。积极筹建盐业研发中心,加强与高等院校、科研单位合作,着力推进国家级、省级盐业技术中心创建工作;充分发挥青岛海洋化工人才优势,攻克、掌握一批行业关键、核心技术,提升企业技术创新能力;加快新产品的研发和新技术的引进,加快技术向产品转化的速度,搞好产品与市场的衔接,将更多的高附加值产品推向市场。

推进盐和盐化工产业的升级换代,优化产业结构。首先,适应社会大众对盐产品多层次、多元化、高档化的需求趋势,搞好盐产品的深加工,开发保健、美容、洗浴等多品种盐高端产品,增加盐产品附加值,并不断研究探索增加科技含量、推动盐产品升级换代的手段和途径。其次,在发展循环经济上做文章,把盐田有序开发、风力发电、海水淡化、浓盐水利用等纳入综合循环利用的范畴,按照"盐田有序开发→风力发电→海水淡化→淡水保障供应→浓盐水制盐→盐产品深加工→废物资源再利用"的综合循环生产模式,进行产业间的综合、协调发展。最后,以盐化工企业整体搬迁为契机,按照"发展上游、介入中游、支持下游"的发展思路,把有机化工、无机化工、精细化工三大板块通盘规划,延伸"盐—基础化工—有机化工—高分子化工—后加工产品(生物化工等)"产业链,形成以精细化工为支撑、上下游产品一体化、多种系列产品并重、相关行业互补、产业规模较大的盐及盐化工产业格局。

充分发挥资源和区位优势,不断加快盐业物流现代化建设步伐。首先,尽快实现莱西国家级大型食盐配送中心规划目标,实现年销20万吨、产值6亿元的生产规模。其次,加快即墨绿色盐及出口盐基地建设,打造集生产科研、加工制造、进出口贸易于一体,科工贸相衔接的盐业高新产品科研、生产、流通和贸易综合基地。最后,稳步推进总投资4亿元的中盐青岛董家口物流中心项目建设,

第六章　青岛蓝色经济区功能定位与发展战略分析

有计划分阶段实现年吞吐量1 000万吨、年产值20亿元,连贯华东、东北,辐射国内、国外的中国盐业最大的物流集散中心建设目标。

二、培育和发展海洋战略性新兴产业

(一)海洋生物医药产业

从海洋生物中发现新药和新的先导化合物,有望成为人类攻克重大疾病的突破口,具有广阔的应用前景和巨大的发展潜力。随着居民收入水平的提高和医疗保险制度的不断完善,各国用于医疗保健的支出不断增长。我国的医药保健品市场规模与发达国家相比虽然偏小,但潜在需求巨大,发展前景广阔。巨大的社会需求和广阔的市场前景为海洋生物制品与医药业发展创造了有利条件。

青岛市应充分发挥海洋生物医药科研优势,以海洋一类新药开发为龙头,以海洋功能食品和生物制品开发为主体,大力培育和发展海洋生物医药产业,促进形成几个具有鲜明特色的海洋生物医药产业集群,培育一批具有自主知识产权的拳头产品,抢占世界海洋生物医药产业发展前沿。

发展以海水养殖生物为药源的特色海洋生物医药产业。目前,药源不足已经成为海洋生物医药产业化发展的主要制约因素之一,不少海洋天然活性成分含量低,原料采集困难,限制了该化合物进行临床研究和产业化。借鉴我国海藻多糖类药物研发经验,以已经实现规模化养殖的海洋生物为研究对象,有针对性地开展海洋药物研发,应成为海洋生物医药业的发展方向。

青岛市是我国重要的海水养殖地区,是我国五次海水养殖浪潮的起源地,鱼、虾、蟹、贝、藻类等的养殖面积都比较大。目前,在上述养殖品种中发现了包括海藻多糖、甲壳质、多肽、不饱和脂肪酸等在内的多类生物活性物质,有望进一步开发成为海洋新药。

由于不存在药源制约,此类药物一旦开发成功,将非常容易实现产业化。因此,集中力量开展以主要海水养殖品种为药源的海洋药物研究,形成类似于褐藻多糖类药物开发的研发团队、产品集群和产业集群,对于加快青岛市海洋生物医药业发展,构筑以海水养殖、食品加工、生物医药等产业为核心的海洋生物产业链,具有十分重大的意义。

培育现代海洋中药和天然药物产业。海洋中药在我国具有较高的认知度,很多来源于海洋的传统药物至今仍在广泛应用,比较常见的有海参、海藻、石决明、牡蛎、昆布、海马、海龙、海螵蛸等20多个品种。近年来,国际天然药物热潮的兴起给中药行业带来新的发展机遇,美国、日本等国天然药物产业的迅速发展,也对我国海洋中药和天然药物产业发展提出了严峻挑战。国家对中药产业发展非常重视,"十五"期间已将现代中药列为重点发展的高新技术产业。在这种条件下,利用现代科学方法分析研究传统海洋中药,大力发展现代海洋中药和天然药物产业,应成为青岛市海洋生物医药业发展的另一个重点。

发展海洋生物医药研发外包。从海洋生物医药技术研发到产品的最终问世需要较长而复杂的过程,包括技术研究、产品开发、临床前测试、临床检验和生产营销等多个环节,整个过程需要以大量的时间、技术以及资金等作为保障,而技术与生产脱节、企业规模偏小等问题的存在使得科研院所和企业难以独立完成上述所有环节。根据国际生物医药产业发展经验,具有一定规模和实力的企业通过与科研机构和小企业合作,采取收购和外包研发的方式进行研发生产是解决上述发展困境的有效途径,并成为世界医药产业发展的潮流。根据这一趋势,青岛市应大力发展海洋生物医药研发外包,建立新型的海洋生物医药产业发展模式。青岛市的海洋生物医药企业应以建立有一定竞争力的专业化服务平台和外包机构为目标,力争在产业链条的某一环节上形成明显的比较优

第六章 青岛蓝色经济区功能定位与发展战略分析

势,承接世界海洋生物医药外包业务。

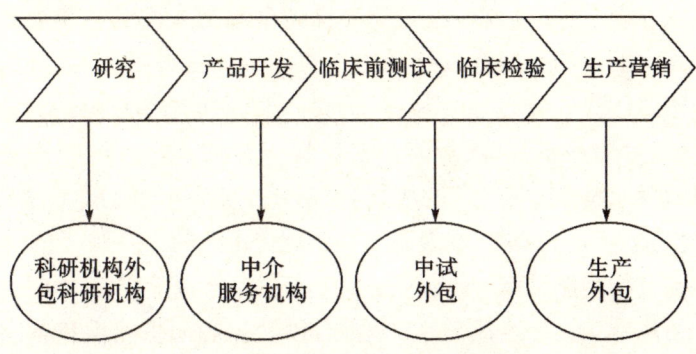

图 6-2 新型生物医药产业模式图

实施海洋功能食品研发与生产。功能食品被誉为 21 世纪食品,代表着当代食品业发展趋势,已成为世界饮食工业发展的新潮流。随着人们对海洋特殊生态环境和海洋中具有生理活性的海洋生物资源的认识逐步加深,海洋功能食品的发展前景将越来越广阔。青岛市具有发展海洋功能食品的技术、人才和产业基础,应瞄准国内外市场的强劲需求,以开发生产高档次、高附加值的新型海洋功能食品为突破口,以优先培育几个大型企业为着力点,促进实现产业规模的扩大和产业的集聚发展。

大力发展海藻精细化工产业。青岛市海藻化工产业已经走在全国前列,拥有目前世界上生产规模最大的海藻化工产业化示范基地,并建立了国家级海藻化工研发中心。在现有产业基础上,发挥海洋生物领域的科研、技术优势,以海藻化工产业化示范基地为载体,青岛市应瞄准国际海藻化工技术前沿,利用高新技术改变以"碘、胶、醇"生产为主的低附加值、低效益传统产品结构,实现产业的全面升级,促进青岛市乃至全国海藻化工产业持续健康发展。

(二)海洋装备制造产业

全球船舶产业的逐渐复苏为青岛市修造船业发展带来了新的

生机，而海洋油气勘探、开采等产业的发展大大增加了全球范围内对高端海洋装备的需求，这些都为青岛市发展海洋装备制造业提供了强大的市场空间和发展动力。青岛市应把握机遇，依托其区位和资源优势，以国内外市场需求和产业利润为导向，扬长避短，确立"不对称竞争"发展策略，坚持"服务国内、出口导向、修造并举、加强配套、培育特色"的原则，采取外引内联、高起点、大投入、快产出、多收益的策略，实现海洋装备制造产业的大发展。

突破特种船维修与改装业务。高新技术在船舶产业的广泛应用和市场对于大型船舶需求的增加，以及国际海事组织和各国船级社对船舶的安全与环保性能要求的提高，都迫使船东不得不对已有营运船舶结构和设施进行升级和改造，世界修船业务量因此而大大增加。传统的修船业以承修打砂、除锈、油漆与换板等低附加值的修理为主，利润率低，发展潜力和空间很小。青岛市的修船业应通过提高设计能力、研究成熟的修理工艺、完善配套专业维修能力等措施，破解以劳动密集型为主的传统船舶修理格局，加大大型、高附加值船舶的修理量，如承接豪华游轮、液化天然气船、液化石油气船、大型和超大型油轮、海上石油钻井平台、FPSO改装船等船舶的修理与改装业务。

发展游艇制造业务。游艇产业的经济效益非常可观，除游艇本身的价值不菲外，形成的游艇产业链带来的综合经济效益更加巨大。游艇的制造可带动新型材料、涂料、电子仪器、仪表、动力、推进系统等几十个配套工业的发展，其消费也将带动游艇码头、游艇运输、游艇维修、燃料加注、水上娱乐、餐饮服务等一大批相关行业的迅速发展。目前，青岛市已经具备发展游艇制造业的相关条件。一是青岛东部沿海地区环境优美，气候宜人，滨海旅游景观丰富，毗邻东北亚经济带，形成了比较成熟的国内国际消费市场；二是2008年奥帆赛给青岛市带来了154个与奥运水上竞赛相关的建设项目，进行了近100亿元的投资，仅奥运会水上竞赛用工作艇就有335艘;三是舰艇游乐公司、游艇制造生产基地、游艇俱乐部等的相继成立为产业发展奠定了基础。

提高海洋工程装备制造水平。随着海洋油气开采、海洋运输港口的发展以及各类海洋平台的使用,海洋工程装备制造业面临着良好的发展机遇。几大海洋工程企业相继落户青岛,使青岛的海洋工程产业基础得到了很大提升。今后应完善海岸防护工程、围海工程、海港工程、海上疏浚工程、沿海渔业设施工程、环境保护设施工程等海岸工程装备建造,加强海上平台、人工岛、浮船式平台、半潜式平台、石油和天然气勘探开采平台、浮式贮油库等近岸工程装备研发和制造,打造国内一流的海洋工程装备制造基地,提高青岛市海洋工程装备建造水平。

完善海洋装备配套产业。海洋装备制造产品是单一的、超大型产品,建造流程十分复杂,任何一个公司都不可能实现所有部件都由自己建造,绝大多数部件和设备需通过采购来满足生产需求。我国已经成为世界第一造船大国,与发达国家船舶配套国产化率达90%相比,国内船舶配套国产化率不到50%。因此,我国船舶配套业发展空间巨大。随着海西湾修造船基地和海洋工程装备制造基地的建设,青岛市海洋装备制造业形成了一定程度的产业集聚,但基地内的配套产业仍存在很大缺口,制约着青岛市海洋装备制造产业集群效应的发挥、产业整体竞争力的提高和产业的进一步发展。因此,青岛市应采取措施吸引和培植装备制造相关配套企业,并尽快形成产业整体合力。

做大海洋仪器仪表制造产业。海洋仪器装备事关海洋科学研究、资源勘查和国家海洋权益大计,是衡量一个国家海洋科学技术水平的重要标志。长期以来,我国海洋仪器装备研发水平较低,产业化能力薄弱,专业技术人员稀缺,平台建设滞后,海洋仪器装备的对外依存度较高,已经成为海洋自然资源勘查和科学研究深入开展的"瓶颈"。肩负着海洋仪器装备国产化重任的国家海洋监测设备工程技术中心、国家海洋仪器装备国际科技合作基地已经在青岛市揭牌,它是我国海洋仪器装备领域第一个国际科技合作基地和工程技术中心,将对提高青岛市海洋仪器仪表装备制造技术和产业化规模起到重要的促进作用。青岛市应充分利用基地建设的契机,瞄准国家海洋战略需求,面向全国海洋科技力量,组织各方共同进行科研攻关,加快技术引进消化吸收再创新,在船载监测仪器、海洋环境监测仪器、海底及海上浮标等方面实现突破,提升我国海洋仪器装备自主研发水平并缩短产业化进程,最终扭转长期依赖进口的被动局面。

(三)海水综合利用产业

我国是一个水资源短缺国家,人均可实际利用的水资源量只有2 220立方米,仅为世界平均水平的1/4。青岛是全国严重缺水城市之一,人均占有水资源量247立方米。在陆地淡水供给不足的情况下,加强对海水资源的开发利用,发展海水综合利用产业,是解决淡水资源短缺问题的重要途径。此外,我国陆地钾资源匮乏,溴、硫和镁产量远不能满足工农业发展需求,而这些元素均可从海水中提取。可以预期,未来从海水中提取化学元素前景十分可观。

借助良好的产业基础,青岛市应以建设全国海水直接利用示范区、海水淡化产业示范基地、海水化学资源综合利用试验区和国家海水综合利用研发中心为目标,大力发展海水综合利用产业,增强海水综合利用创新能力,形成一系列具有自主知识产权的蒸馏法和反渗透法海水淡化技术以及海水综合利用技术,培养和造就一批具有一定规模与实力的海水淡化技术队伍以及海水综合利用骨干企业,开发具有自主知识产权的蒸馏法、反渗透法海水淡化系列设备产品,并通过技术的不断完善,逐步提高淡化设备在国内外市场的竞争力。

扩展海水直接利用范围。1 000万吨大炼油、钢铁基地、黄岛电厂和青岛电厂等高耗水企业的趋海布局,以及城镇化步伐不断加快带来的人口趋海分布,使得工业冷却用水和城镇居民生活用水需求迅速增加,青岛市面临严峻的淡水短缺局面,同时也为开展海水直接利用提供了广阔的发展空间。鉴于此,在现有基础上继续实施工业用海水和大生活用水示范工程,扩展海水在工业冷却、脱硫除尘、家庭冲厕、景观湖用水等方面的应用,是缓解青岛市淡水资源短缺困境的重要途径。

大力发展海水淡化产业。发展海水淡化产业是为青岛市耗水大户提供来源稳定的工艺用水,以满足工业生产所需淡水的重要途径。应在华欧海水淡化有限责任公司组织实施的黄岛发电厂海水淡化示范工程、青岛发电厂实施的采用反渗透工艺淡化海水作为锅炉用水海水淡化示范工程、青岛钢铁基地海水淡化示范工程,以及青岛海湾集团海水淡化及化学资源综合利用示范工程等在建工程基础上,积极扩大示范工程实施范围,尽快形成具有一定规模的海水淡化产业集群。

创新海水化学资源综合利用思路。随着青岛市海水淡化规模的不断扩大和海水循环冷却技术的大规模应用,产生的浓海水量相当可观。基于此,若能把海水化学资源综合利用和海水淡化相结合,经济效益十分可观。青岛市应以国家级海水淡化与综合利用示范城市和产业化基地建设为契机,将海水淡化、工业用海水冷却与制盐及烧碱、纯碱生产结合起来,合理利用海水淡化和海水循环冷却产生的浓海水,实现海水化学资源综合利用,促进海洋环境保护,提高经济效益。

突破海水淡化相关设备制造产业。青岛市在海水综合利用设备制造方面拥有一定基础,以华欧集团为代表的海水淡化企业生产的部分海水淡化设备已经达到国际先进水平,但在目前发展最快的海水淡化方法——反渗透海水淡化方面一直未能实现大的突破,反渗透海水淡化设备性能落后,在膜材料与膜组件、能量回收装置和高压泵等关键设备研发上与海水淡化发达国家还存在很大差距,不能满足发展需要。青岛市拥有较强的机械设备研发和加工能力,应依托现有基础,有针对性地引进国外先进技术并进行吸收和再创新,突破反渗透海水淡化关键设备制造技术,建设反渗透海水淡化关键设备制造基地,为我国海水淡化产业向更高层次迈进提供技术和设备保障。

(四)海洋新能源产业

充分开发利用青岛市拥有的海洋新能源,减少不可再生资源的消耗,为青岛市建设资源节约型和环境友好型社会提供新的能源支撑已成为青岛市海洋经济发展的重要使命。要继续加强海洋风能、潮汐能、波浪能和温差能利用技术的研究与开发,把技术引进和自主创新有效结合起来,突破海洋新能源利用关键技术,加快产业化步伐,有效改善青岛市能源利用结构尤其是电源结构。通过规模化海洋能发电工程项目的建设,实现具有自主知识产权的海洋能开发利用装备的产业化,力争将青岛市建设成为我国重要的海洋能源开发利用装备产业化基地。

稳步推进近岸和海岛风能开发,有效拓展海上风力发电空间,加快海洋风电产业发展步伐。开发利用风能是我国能源可持续发展战略之一,是保护环境、执行《21世纪议程》必不可少的内容,也是减少污染和促进可持续发展的必要环节。伴随着即墨海洋风力长廊的建设,青岛市近岸海洋风电已进入规模化发展阶段。在此基础上,应充分总结现有风电项目存在的问题,不断改进、完善近岸和海岛风电开发技术,提高风电设备自主研发水平,而后利用成熟的近岸风电技术组建几处试验风电场,扩大风电产业规模,在更大范围内替代传统电源。

随着风力发电业的快速发展,陆上风机总数将趋于饱和,因此拓展海上风力发电空间、建设海上风电场将成为未来青岛市海洋风电产业发展的重点。鉴于此,青岛市应及早部署海上风能资源

第六章 青岛蓝色经济区功能定位与发展战略分析

测量与评估工作,建立海上风电技术规范体系,引进吸收再创新海上风电机组制造技术,最终实现海上风电机组的国产化,为建设海上风电场、实现青岛市海上风电的规模化发展奠定坚实基础。

努力实现波浪能利用的突破。海水的波浪运动可产生巨大的能量,但波浪能转换成电能的中间环节多,效率低,电力输出波动大,如何把分散的、低密度的、不稳定的波浪能量吸收起来,集中、经济、高效地转化为有用的电能,以及如何使其装置能够承受灾害性海洋气候的破坏,实现安全运行,是波浪能开发面临的难题。目前,青岛市波浪能利用已有一定基础,但由于开发技术不稳定、开发成本高等原因使得其开发利用难以规模化。应在既有技术基础上,利用青岛市海岸和海岛优势,选取周边有居民岛屿试验建设波浪能发电站,一方面解决海岛居民的日常用电问题,另一方面在试验应用中不断改进波浪能开发利用技术,稳步推进青岛市波浪发电产业的发展。

实施海水温差能利用示范推广工程。由于海水热容量远大于空气,使得海水与大气之间存在着明显的季节温差,"冬暖夏凉"的特点使得发展海水源热泵技术、开发利用海洋温差能成为可能。应以青岛电厂的海水源热泵系统为基础进行技术创新,开发出一套具有一定应用价值、综合运行成本较低的海水温差能利用系统,由政府出面倡导和鼓励有条件的企业与居民区开展该系统的示范使用推广工程,在更大范围内替代原有制冷制热设备,减少对不可再生资源的消耗。

大力发展海洋能开发利用装备制造产业,提高设备国产化率。设备制造、安装和调试成本在海洋能利用总成本中所占比重很大,以海洋风电产业为例,风机约占风电场建设总投资的50%,如果再加上设备的调试和维护费用,所占比重将更大。目前,海洋能利用所需关键设备的制造技术主要掌握在荷兰、丹麦、英国、德国和美国等几个国家手中,我国国产风机功率偏小,大型风机的研发和制造水平与国际大型风机制造企业相比还存在很大差距。近年来，我国风电产业的迅速发展对风电设备的质量、功率和稳定性提出了更高的要求，亟须扭转大型关键设备完全依赖进口的局面，开发具有自主知识产权的关键设备，并实现产业化发展。近年来，青岛市海洋风电产业发展迅速，带动了风电制造业的发展，但青岛市海洋风电设备制造业仍存在规模小、技术水平不高、设备功率低等问题，关键核心设备仍严重依赖进口。为此，青岛市应充分把握规模化海洋能发电工程项目建设的机遇，通过引进消化吸收再创新，开发具有自主知识产权的技术和产品，打造海洋能源开发利用装备产业化基地。

有重点地推进海岛海洋能综合利用推广示范工程。海岛地区潮汐能、波浪能以及风能比较丰富，充分利用和开发海岛地区的海洋能是解决海岛居民用电问题的重要途径。青岛市应在周边海域选择1~2个规模较大的有居民海岛，试验进行海岛风能、波浪能的综合开发，并将海洋能发电和海水淡化有机结合起来，探索出一条海岛新能源综合开发的有效途径和手段、技术，有重点地逐步推进海岛海洋能综合利用推广示范工程。

(五)海洋新材料产业

抓住国际海洋新材料产业转移的机遇，依托青岛市现有的科技资源与产业优势，通过引资与引智、制造与研发相结合，用高新技术提升海洋新材料技术水准，构筑技术创新化、产业集群化、制造信息化、标准国际化、资源集约化的新材料生产体系。到2020年，青岛市要实现海洋新材料产业总产值400亿元，通过打造布局合理的产业集群，确立具有国际竞争能力和辐射能力的产业发展体系，培育10个左右新材料产值为10亿元的重点企业，形成一批特色新材料产品群，以骨干企业为龙头建立产品国家标准体系，培育20个海洋新材料领域知名品牌。

海洋环境材料方面。组织市内海洋科技领域专家进行跨学科

第六章　青岛蓝色经济区功能定位与发展战略分析

联合攻关,对海洋腐蚀环境、中国沿海环境特征、海水腐蚀试验评定方法、海洋腐蚀的热力学基础、海水腐蚀电化学特征、影响海水腐蚀的环境因子和海水与淡水腐蚀的比较等海洋防腐相关基础理论进行系统研究,为专业技术的突破奠定坚实的理论基础;加强阴极保护、缓蚀技术等海洋防腐防污技术的研究开发,逐步扩大应用范围,创新船体防腐防污、管道防腐防污、海上建筑防腐防污、港口防腐防污等海洋防腐防污新材料产品,努力扩大生产规模,提高集聚效益。

海洋国防材料方面。加强军用舰艇、军用船舶等特种船舶海洋新涂料研究与开发,为提高国防水平,维护我国海洋权益做好技术和材料产品支撑。根据海军训练和作战需要,重点开展防结冰涂料、太阳热反射涂料、船用阻燃涂料、船用防火涂料、船舶用阻尼涂料、隔声及阻燃腻子以及舰船用隐身涂料等的技术研究与产品开发。

海洋生物材料方面。以现有的科技和产品为基础,继续开展甲壳质及其衍生物的研究与开发,扩展其制品在工业造纸、轻工、印染、照相底片、电子元件的涂料和填充料、乙醇生产膜材料、农业抗病、食品添加剂、保健食品、固发剂、牙膏、日用化妆品、饮用水净化剂、工业废水和贵重金属离子回收剂、减少核辐射污染的吸收剂以及食品加工废水中蛋白质沉淀剂和发酵液中的菌体及蛋白絮凝剂等行业和领域中的应用。研究开发手术缝合线、人工皮肤、生物敷料、药物缓释剂、人造血管等生物医用材料,提升海洋新材料在医药领域的知名度,扩大产品应用范围,使青岛市生物医用材料研究与开发走在全国前列。

海洋结构类材料方面。加强海洋结构类材料研究与开发,争取在深水养殖工程材料、海洋船舶结构工程材料、海上安全防护工程材料、海洋捕捞用材料以及深潜固体浮力材料等方面实现突破。

第五节 "蓝色硅谷"建设战略

2011年上半年,青岛市委、市政府审时度势,确立了影响青岛市未来蓝色经济走向的重要战略——"蓝色硅谷"建设战略,提出要以打造一流的国家级创新型蓝色科技园区为目标,坚持"科技立谷、产业强谷、体制活谷、开放兴谷、生态建谷"的基本原则,以环鳌山湾区域为核心,高起点启动"蓝色硅谷"建设。

一、建设"蓝色硅谷"的战略意义

推进"蓝色硅谷"建设是在新的发展阶段提出的全新战略,对于青岛市深入贯彻落实科学发展观,建设富强文明和谐的现代化国际城市,具有重大而深远的意义。具体表现在:有利于增强我国海洋科技研发能力,提高海洋经济发展水平;有利于提升山东半岛蓝色经济区建设水平;有利于青岛市蓝色经济的建设与发展,增强城市竞争力。

二、科学定位"蓝色硅谷"

建设"蓝色硅谷"的首要前提是对其进行科学定位。根据青岛市的海洋科技优势、环境区位优势和海洋经济发展优势,笔者认为"蓝色硅谷"应实施高起点定位和布局,打造成为代表国家领先水平的国际知名的海洋高科技产业集聚区、开放型海洋科技创新平台和引领全国海洋科技进步的重要引擎。另外,"蓝色硅谷"还应成为山东半岛蓝色经济区体制创新的先行区、青岛经济发展的新增长极和青岛市城市建设的新名片。

三、合理布局"蓝色硅谷"功能区

按照"突出重点、集聚发展、功能互补、互为支撑"的原则,"蓝色硅谷"建设实施"一区一园"的总体布局。其中,"一区"即"蓝色硅谷"核心区。青岛市蓝色硅谷核心区包括即墨市东部沿海的鳌山卫、温泉两镇陆域、海域全部,以及崂山区中韩、王哥庄街道的部分区域,陆域面积约280平方千米,海域面积225平方千米。

(一)核心区布局

核心区是蓝色硅谷建设的重点,是未来青岛东海岸滨海新城。在布局上,以滨海公路为轴线,规划建设科技创新驱动区、科技创新综合服务区、科技成果孵化及产业区三大功能区。

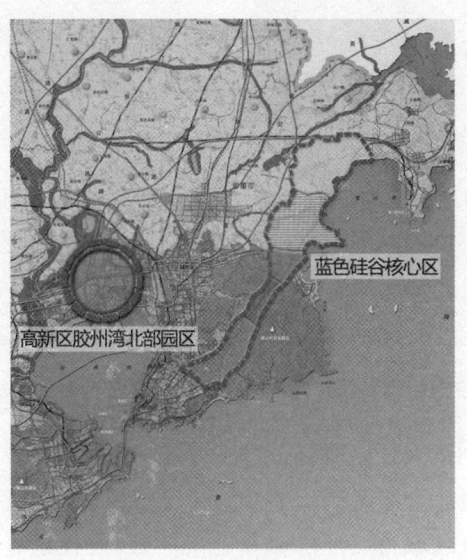

图6-3 蓝色硅谷总体布局示意图

1.科技创新驱动区

科技创新驱动区主要布局在鳌山卫镇,空间范围东至海滨,西至鳌山卫镇界,南至即墨界,北至鹤山路,规划总面积约108平方千米。创新驱动区以建设海洋科研机构最聚集、科研力量最强、成果转化最快、充满发展活力的科教研发创新区为目标,集中布局海洋科研、教育、成果转化、学术交流等重大平台项目,吸引更多的国内外知名科研院所和高等院校落户,并支持市内海洋科研机构向该区集聚,培养和引进海洋高层次人才,积极开展海洋尖端技术、实用技术研发,特别是深海探测和工程装备技术研发,打造"蓝色硅谷"的智慧中枢和高技术产业发展的动力源。在开发模式上,实施组团式推进,重点规划建设科教、研发创新、海外归国人才创业"三大组团"。

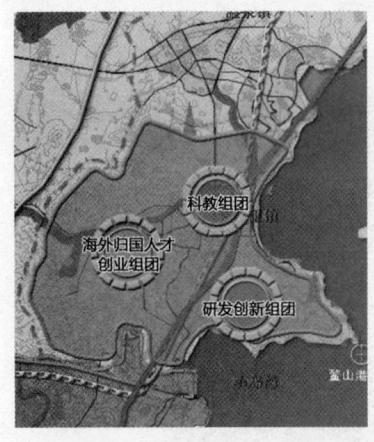

图6-4 科技创新驱动区示意图　　图6-5 技创新综合服务区示意图

2.科技创新综合服务区

科技创新综合服务区主要布局在温泉镇区域,规划总面积110平方千米。该区域自然环境和基础条件好,要在现有基础上,高起点规划,重点推进政务服务、金融商务、生活服务"三大组团"建设,科学布局政务中心、金融商务区、居住区和卫生、教育、文化、体育等社会事业,打造"蓝色硅谷"行政中心、商务中心和生活服务中心。

3.科技成果孵化及产业区

科技成果孵化及产业区主要包括崂山科技城区域和王哥庄街道土寨河两岸区域,该区域是蓝色硅谷科技成果孵化和产业培育

第六章 青岛蓝色经济区功能定位与发展战略分析

中心,规划总面积约 60 平方千米。重点加快崂山科技城建设,依托中国海洋大学等高校和科研院所,利用现有基础,提升海洋科技研发和成果转化水平。在王哥庄土寨河区域集中布局科技成果孵化器项目,加快海洋生物、新能源、信息技术等科技成果转化。

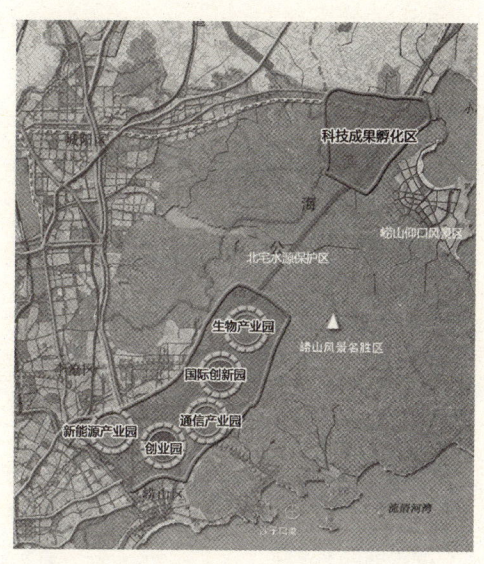

图 6-6　科技成果孵化与产业区示意图

(二)高新区胶州湾北部园区

高新区胶州湾北部园区,规划面积 63 平方千米,功能上与核心区有机对接,为核心区发展提供产业承接服务。青岛高新区胶州湾北部园区重点建设海洋生物与医药、涉海高端装备与节能环保、新一代电子信息 3 个新兴产业功能区,同时积极发展科技研发、创业孵化、金融、中介服务及各项社会事业,打造胶州湾北部生态科技新城。目前,园区基础设施日臻完善,具备了快速承接蓝色经济高端产业项目的条件,是蓝色硅谷战略性新兴产业发展区。

四、探索"蓝色硅谷"有效的运营模式和科学的评价方法

(一)实施复合型管理,创新"蓝色硅谷"运营模式

管理模式创新是蓝色硅谷建设和运营的基础。发展阶段不同,蓝色硅谷所采取的管理模式也不同。其中,启动建设阶段(5年)应该由政府主导,相关区(市)政府联合组建蓝色硅谷管理委员会,统筹开展蓝色硅谷的规划建设工作。作为公平、公正的市场引导者和市场秩序的维护者,政府应对蓝色硅谷的土地、水电气暖、住房、交通运输、信息与网络平台等基础建设项目进行投资以刺激当地的需求;在营造政策软环境方面,可以通过制定税收、金融、土地、规划、人才等方面的优惠政策,更好地吸引国内外的资金、技术人才,推动蓝色硅谷发展。

后期运营阶段(5～10年)应逐步采用市场化运营,坚持以市场为主体,通过市场需求的变化拉动蓝色硅谷科技创新与海洋高新技术企业孵化。积极探索"小机构,大服务"、"小政府,大社会"的管理模式,主动将大量的中介与劳务等社会性服务工作交由社会机构或相应的公司承担,包括蓝色硅谷的建筑、技术转让、企业开发、风险投资、信息提供、专利申请、出口服务等领域。这不仅能够极大地减轻蓝色硅谷管理机构的管理压力和财政负担,更有利于促进蓝色硅谷服务业等第三产业发展。

(二)构建"蓝色硅谷指数",科学评价"蓝色硅谷"建设成效

科学有效的绩效评价方法具有强大的正向激励效应。设立"蓝色硅谷指数",科学评价蓝色硅谷建设成效,准确而及时地反映蓝色硅谷创新与发展的动态变化情况及影响其变化的要素,可以为蓝色硅谷管理部门提供预警和决策参考,从而保证蓝色硅谷建设战略的顺利实施和各项计划的有序开展。蓝色硅谷不同于一般的经济区域,因此对蓝色硅谷建设成效的评价应突破GDP的统计限制,综合考虑创新绩效、人力资本、科教投入、创新载体、创业环

境等各方面要素。

表 6-5 "蓝色硅谷指数"指标体系

分类指标	指标
创新绩效	①每万人专利注册数量 ②每万名科技活动人员拥有发明专利数 ③企业总收入 ④人均 GDP 增长率 ⑤万元 GDP 综合能耗(吨标煤/万元)
人力资本	①就业人数 ②每万人专业技术人员数 ③每万人高校在校生数 ④科技活动人员占从业人员比例 ⑤海归人员占从业人员比例
科教投入	①R&D 投入占 GDP 的比重 ②地方财政科技拨款 ③企业技术开发费用占销售收入的比重 ④人均财政性教育经费支出
创业环境	①国家级、省级科技企业孵化器数 ②政府创业投资资金总额(万元) ③风险投资资本数量(万元)
创新载体	①国家级、省级企业研发中心和技术中心数(家) ②国家级、省部级重点实验室和研究中心数(家) ③海洋高新技术企业数(家) ④年销售收入过 10 亿元的企业数(家)

参照美国"硅谷创新指数"及国内上海"张江指数"、北京"中关村指数"、杭州"滨江指数"等高新区创新能力评价体系,本书以创新能力评价为着眼点,构建了反映青岛市蓝色硅谷建设成效的"蓝

色硅谷指数"。"蓝色硅谷指数"指标体系由具有内在联系的、有代表性、可比性、可操作性的指标群组成,包括5个一级指标,每个一级指标又分别由3~5个二级指标构成(表6-5)。

第六节 "海洋生态环境保护示范区"建设战略

一、建设陆海污染同防同治示范区

控制陆源污染物入海。实施入海污染物排放总量控制制度,确定年度总量控制目标并分解到各区(市)。采取综合措施,控制农业面源污染。扩大污水收集和处理能力,加快污水处理厂建设,强化企业监管,确保污水达标排放,2015年实现青岛市城区污水管网全覆盖。加快推进产业结构和布局优化升级,搬迁改造环胶州湾区域污染企业,发展绿色环保产业。实施排污许可证制度,严格建设项目环境准入制,建立新建工业项目水污染物新增量限值审批制度。

严格海上污染物达标排放管理。加强港口、航运污染防治,严禁施工船舶向施工海域排放含油污水和向海上倾倒固体垃圾,强化港区污水防治措施,加强港口油污水处理场(站)、油污水回收船等回收设施的配套建设。建立海上溢油事故防治及应急措施。加强海上倾废管理,严格执行废弃物海洋倾倒许可证制度;严格控制向海洋倾倒废弃物,使海上倾倒活动逐步法制化、科学化和规范化。

严格建设项目环境管理。坚持"在保护中开发、在开发中保护"的原则,合理利用岸线资源。严格控制填海,严禁在风貌保护区、旅游区、自然保护区内填海造地;控制滩涂养殖围垦,适度"退池还海"。严格控制胶州湾内工程设施建设,避免造成淤积。严禁无涉海需要项目占用海域和海岸线。加强海洋化工、石油化工、港口、油气资源开采等建设项目的环境影响评价,严把审批关,严格项目建设过程中的环境监督和管理。

综合整治入海河流。做好河流综合整治规划,科学定位河道功能,完善河流流域排水管网系统,实施沿河污水管网建设和截污工程,减少直至杜绝污水直接入河排放。采取必要的生物修复技术改善生态环境,逐步完成河流生态廊道建设,结合中水回用,恢复河道自然生态功能,建立监管制度,加强对河流生态系统的长期监测和日常维护。

提高环境监测能力。完善监测网络,提高监测能力和现代化装备,建立数字海洋数据库,实现对数据资料的有效共享,形成青岛市统一的海洋环境监测网。加强近岸海域的海洋监测,建立覆盖青岛市近岸海域的监测网络,重点开展陆源入海排污口及其邻近海域监测,赤潮监控区监测,海洋垃圾、海水入侵和盐渍化监测等,加强海水增养殖区、海洋自然保护区等重点海洋功能区的监测。推进海洋环境观测预报体系和能力建设,对生态特别敏感的区域进行生态监控,建立突发性环境污染事故应急响应系统,做好赤潮、溢油、海浪、风暴潮、海啸等海洋突发事件的监测与预报工作。

二、建设海洋生态环境修复示范区

加强渔业生态环境保护。推行渔业生态系统管理,控制陆源污染,治理近岸海域生态环境,为鱼类的生境改善、种群恢复和海洋生态系统重建提供条件。积极开展湾内渔业资源的人工放流增殖工作,实现渔业农牧化,缩短资源恢复周期。加快建设人工鱼礁,恢复和增殖海洋生物资源,提高青岛市近岸海域鱼、虾、贝类的增殖规模,保护和改善渔业生态环境。

促进河口生态环境修复。实施河口生态恢复工程,在河口海域等环境敏感区积极采取生物处理措施,形成河口植物群落生态系统,有效吸收水体中氮、磷等营养物质,改善水质;对河口附近严重污染的沉积物进行清除,恢复底栖生物的生境;保护墨水河、大沽河、洋河等河口地区形成的滩涂湿地,保证淡水与海洋生态系统之间生态过程的通畅,保护生物多样性,通过建设湿地公园,适度发展生态旅游;在水陆交错地带建设海岸生态隔离带,改善近岸海域生态环境,逐步恢复和重构海岸带生态环境;加强河口水质监测和生态监控,推进河口治理与保护的立法工作。

加强海洋保护区建设。搞好潮间带、浅海的生态环境系统和动植物资源的保护,适时规划建设新的保护区。重点加强大公岛岛屿生态系统保护区、文昌鱼水生野生动物自然保护区、胶州湾湿地保护区、多鳃孔舌形虫和黄岛长吻虫保护区等海洋保护区的建设,开展科研活动和水生野生动物监测调查管理工作。灵山岛等海岛要制定旅游环境容量,控制游客数量和旅游设施的建立。进一步提高保护和管理能力,建立濒危动物救护中心,强化保护区管理队伍和配套设施建设,提高管理水平。

开展渔业资源调查与监测。在青岛市形成较完善的渔业资源调查和渔业生态监测体系,使90%的近岸海域坚持定期的海洋生态环境状况系统调查和评估,基本掌握青岛近海渔业资源、渔业生态环境状况和变动趋势。

继续开展减船转产转业工作。严格执行休渔禁渔制度,进一步完善捕捞许可证制度,控制海洋捕捞渔船数和马力数,试验和推广新型渔具渔法,减少捕捞幼鱼和副渔获物的比例。加快渔船更新改造,逐步压减近海捕捞渔船,大力发展渔区服务业,做好转产转业人员的技术培训工作,为转产农渔民提供财政和项目支持,培养一批有文化、懂技术、会经营的渔民技术能人和科技示范户。建设青岛市捕捞渔船管理信息系统,实现捕捞渔船的信息化、数字化管理。

三、建设湿地保护与适度开发示范区

目前青岛市符合国际标准的湿地面积为 177 760 公顷,约占总面积的 16％。其中胶州湾湿地是山东半岛最大的海湾河口湿地,具备较完善的生态服务功能,在国内外具有重要影响,被国家列入重要湿地保护名录。专家表示,胶州湾生态湿地有涵养水源、调节气候、减少风沙危害、遏制土地沙化、降解污染物等生态服务功能价值。胶州湾生态湿地保护是建设青岛高新区和确保"环湾保护、拥湾发展"战略顺利实施的重要组成部分,对保护和恢复胶州湾湿地生态系统完整性和青岛地区的生物多样性,提升城市整体形象,完善城市发展功能,增强青岛城市综合竞争力起着举足轻重的作用。①

实施胶州湾湿地生态修复工作。开展对湿地野外动植物种群及栖息地的长期监测,对受到严重破坏的湿地动、植物资源,通过人工养殖和种植等措施,促进野外种群、数量的恢复。适宜引入和推广刺槐、合欢、杨树、垂柳、国槐等乔木类植物,金银木、木槿等灌木类植物,红三叶、白三叶、碱蓬等花草类植物,高羊茅、黑麦草等草坪类植物,以及芦苇、香蒲、水葱、睡莲等水生植物,以达到清理污染物、净化水环境、有效修复湿地和提高物种多样性等效果。

加强胶州湾湿地自然保护区建设。科学划分胶州湾湿地核心区、缓冲区和实验区,根据不同的区域和类型,采取不同的保护手段。在需要绝对保护的区域建立湿地自然保护区,提高对湿地的保护、管理、科研和监测水平,使之成为市级、省级湿地自然保护区,并争取早日申报国家级湿地自然保护区,以达到保护和管理湿地生物多样性、控制污染等效果,全面维护湿地生态系统的特性和基本功能。

---

① http://zaobao.qingdaonews.comhtml2009-07/19/content_2143182.htm

加强胶州湾湿地公园建设。合理改造、恢复、利用的胶州湾湿地区域建设湿地公园。湿地公园是指纳入城市绿地系统规划、具有湿地生态功能和典型特征的,以生态保护、科普教育、自然野趣和休闲游览为主要内容的公园。它既有别于一般水景公园,又与一般湿地自然保护区不同。自然性、生态性是城市湿地公园的核心内涵,同时又突出了科普教育内容和自然文化属性,强调充分利用湿地的景观价值和文化属性,丰富居民休闲游乐活动的社会功能。建设湿地公园,不仅可以对湿地实行有效的保护,还可以对湿地进行科学合理的开发利用,在可持续利用的过程中更好地挖掘并发挥湿地功能,调动社会力量加强对湿地资源的保护和可持续利用。因此,青岛市应根据胶州湾湿地不同的地域特点和生态类型,建设若干个大型湿地公园和一些各具特色的小型湿地公园,充分挖掘各种湿地类型的功能,营造优良的胶州湾生态环境。

实施胶州湾湿地适度开发。对胶州湾生态湿地保护的核心区实行全封闭严格保护措施,禁止任何单位和个人进入;对湿地缓冲区实行半封闭严格保护管理,禁止非湿地保护人员进入,禁止采伐生态林或进行填、堵湿地等工程建设以及生产性开发;对湿地实验区,在不破坏湿地资源的情况下,可以利用湿地资源开展生态旅游等可持续经营活动,但应禁止破坏自然湿地生态系统和生态林,建设工程项目和工业污染项目。带动和加快高新区以湿地生态旅游为主题的旅游事业,吸引众多国内外旅游参观者,促进高新区及环湾区域旅游业和其他第三产业的发展。

第七章　青岛蓝色经济区建设中的关键问题分析

第一节　政府的角色定位问题

青岛蓝色经济区建设是一项在市场经济环境下由政府提出并推动实施的系统工程。面对国内外宏观与微观环境和蓝色经济区建设重大战略，政府应如何定位自身，应在发展中扮演怎样的角色，应以何种姿态参与到蓝色经济区建设大局中来？这个问题成为青岛蓝色经济区建设面临的关键问题之一。本研究从对政府干预经济的理论回顾入手，分析青岛蓝色经济区建设中的政府定位问题。

一、政府干预经济的理论依据及主要模式

在市场经济条件下，市场机制往往发挥着基础性的资源配置功能。它是通过市场价格的波动、市场主体对利益的追求或者市场供求的变化来对经济运行进行调节的。市场经济长期运行的效果证明它在传递市场信号方面、在提供利益刺激和竞争激励方面、在调整和优化经济结构方面、在促进实现由局部利益驱动的科学技术创新以及在提高经济效益方面等均效果显著。而与此同时，外部性、不完全信息、风险和不确定性等因素的存在也使得市场调节先天具有盲目性、滞后性等弱点，单纯依靠市场机制作用难以弥补其不足。此外，从道德伦理规范的角度看，即使在竞争性市场机制能够实现资源上的帕累托效率的情况下,仅仅依靠市场机制来进行调节也有可能出现各种各样的问题,如收入分配不公、经济波动和宏观经济总量失衡,以及与此相关的失业和通货膨胀等。

市场经济中客观存在的市场失效,为政府干预经济提供了所谓的"理由"。政府干预经济是指通过有目的的实施经过严密计算和估测的方案来强制宏观经济在结构上实现均衡,在发展上稳定速度。由于政府干预经济具有从整体上把握的特点,所以其功能主要体现在宏观经济制衡、经济结构协调、整体效益优化以及竞争保护和公平分配等方面。政府干预经济在弥补市场失灵的同时,也存在着一定的缺陷。例如,由于政策偏好存在较多主观因素,导致调控政策转换迟钝,或者由于追求地区或部门的狭隘利益而导致调控动力缺乏等。

在实行市场经济的情况下,如何在充分发挥政府宏观调控功能的同时又使市场内在调节机制得到充分的体现,这是多年来各国政府和经济学家极为关注并认真探索的重大课题。分析一下世界各国政府干预经济活动的层次和范围,我们不难发现,主要有以下四种政府干预经济模式:

第一种模式是干预市场秩序。该模式的理论基础实际上是新自由主义,其基本经济哲学立场是政府职责范围有限并应该实行权力分散制,反对政府成为具有发展功能的主体。新自由主义的代表人物是美国的著名经济学家弗里德曼(Milton Friedman),他在其1962年出版的《资本主义与自由》一书中提出政府的职能主要包括:"维护法律和秩序,规定财产的内容,作为我们能改变财产权的内容和其他经济游戏规则的机构,对解释规则的争执做出裁决,强制执行合同,促进竞争,提供货币机构,从事对抗技术垄断的活动和从事广泛地被认为重要到使政府能进行干预的临近影响的消除,同时,又包括补充私人的慈善事业和私人家庭对不论是疯人还是儿童那样的不能负责任的人的照顾。"

第七章 青岛蓝色经济区建设中的关键问题分析

第二种模式是干预经济总量。在这种模式中,政府的职能又进了一步。该模式要求政府在维护市场秩序的基础上,从宏观上对整个社会的总需求和总供给进行协调。这种总需求和总供给包括资源、生产资料、社会消费等,涉及经济的各个方面。这一模式的理论代表是英国的经济学家凯恩斯及其追随者提出的国家干预主义学说。该学说强调分析整体经济的运行,因此在研究方法上就用总量分析代替了个量分析。该干预模式的经济哲学立场是当市场自身不能达到宏观经济的预定目标,如低通货膨胀、低失业、稳定增长时,必须由政府出面来承担这一调控任务。

第三种模式是干预特定产业。在该模式中,政府的职能又有了进一步的扩展。政府不仅要弥补市场机制在维护经济秩序和经济总量调节上的种种缺陷和不足,而且要采取措施,努力实现产业部门之间在发展中的协调以及确保整个国民经济结构的动态均衡。政府必须越过凯恩斯主义的经济总量干预,平衡更具体的产业间的关系和产业内企业之间的关系,以政府调控手段来刺激某一特定产业的发展。这种模式的理论基础是近年来颇为流行的"国家竞争优势论"。该理论是由美国哈佛大学的迈克尔·波特教授在2005年出版的《国家竞争优势》一书中提出的。波特在继承发展传统的比较优势理论的基础上提出了独树一帜的"国家竞争优势"理论,为贸易理论的发展作出了巨大的贡献。该理论着重讨论了特定国家的企业在国际竞争中赢得优势地位的各种条件。它给我们的启示是:在开放型经济背景下,一国产业结构状况并不是一成不变的,各国产业发展具有很强的能动性和可选择性,固有的比较优势不应成为谋求增强国际竞争优势的障碍。

第四种模式是干预企业经营。该模式本质上是计划经济模式,是政府直接干预企业的经营。这种现象主要出现在苏联、东欧的有关国家以及改革前的中国。在该模式下,政府主要依靠制定的指令性计划,利用行政手段来组织和管理企业经营,将企业置于政府行政部门的领导之下,使得企业既不能自主经营,又不能自负盈亏,企业的生产规模、产品种类、产品数量、价格以及企业的生产要素供给和产品的销售等完全处于政府计划部门和有关行政部门或主管机构的控制之下。

综上所述,政府对经济的干预手段多种多样,各种模式之间的差别就在于政府在什么时候或什么情况下对经济进行干预,干预经济的哪些要素或成分,以及实施干预的手段和程度如何。

二、青岛蓝色经济区建设中的政府角色定位

青岛蓝色经济区建设是由政府组织推动并且通过市场主体在市场经济条件下的有序竞争来实现资源优化配置,以促进产业结构升级,达到实现区域经济发展的目的。作为其中的一个重要利益主体的政府,其参与的程度以及各层级政府间的合作和利益协调等是直接影响到战略实施效果的因素。本研究认为,青岛蓝色经济区建设战略框架下政府的作用主要体现在以下方面。

(一)规划引导和政策扶持

政府在青岛蓝色经济区建设中的作用不应该是一种直接参与的模式,而应当是发挥引导和推动作用。政府的这种引导和推动作用主要体现在三个方面。

首先是由政府制定青岛蓝色经济区建设发展总体战略规划,明确青岛蓝色经济区建设所面临的机遇与挑战、优势与劣势,并且科学地定位青岛市在全省蓝色经济区建设中的地位和作用,科学地确立发展目标。所确立的发展目标应该是一个包含经济、社会、环境等各个方面在内的综合性指标,以确保蓝色经济区建设战略结束之时,其结果是从经济总量到内部结构都得到提升和优化。

其次是发挥政府的"前瞻性"特征。政府对海洋经济和海洋科技发展的前沿阵地进行科学系统的分析和预测,并通过制定和发布青岛市海洋经济发展战略规划、海洋科技创新战略规划等一

第七章 青岛蓝色经济区建设中的关键问题分析

系列专项规划,引导相关的涉海企业、海洋科研院所等微观组织审时度势,抓住发展机遇,及时地转变发展方向,找准自己的发展重点。

再次是贯彻落实"十二五"期间"转方式、调结构"的经济发展主线,发挥国家的产业政策的导向功能,激励微观经济主体转变原来的粗放式经济发展方式,采用新技术和新工艺。鼓励企业投向资源节约型、环境友好型产业形态,发展海洋循环经济和低碳经济,实现海洋经济与海洋生态环境的协调发展。

(二)努力营造有利于经济发展的软环境

有利于经济发展的软环境可以降低各经济主体间的交易成本并提高生产效率,是区域综合竞争力的重要组成部分。在青岛蓝色经济区建设过程中,政府必须发挥其职能,努力为本地企业的发展和引进区外投资创造良好的区域软环境,包括政务环境、优惠政策、工商行政管理以及社会服务等多个方面。

针对海洋经济发展中的事务多头管理、项目多头审批等问题,政府要科学地划分各行政部门的管理权限,创新政府服务模式,要加大力度落实授权责任制、首接责任制、超时默认制、一门受理制、一次告知制等各项管理制度,有效避免各部门间相互推卸责任、办事效率低等现象,从而不断优化政务环境,为企业提供及时、便捷的服务。

政府要努力创造健康的竞争环境,这是市场经济得以良好运转的前提条件。在青岛蓝色经济区建设过程中,政府应该发挥其职能,建立与市场经济秩序相适应的正式制度,要运用行政手段对破坏公平竞争环境、扰乱市场秩序的行为进行整顿或惩罚,为青岛市海洋经济发展和蓝色经济区建设大局打造良好的市场竞争环境。

政府作为蓝色经济区建设战略的推动者,应该努力打造各类公共服务平台以有利于各经济主体间开展交流与合作,或促进生产要素的快速流动和合理配置等。例如,打造公共信息平台,实现行业信息和各项政策的及时发布,为企业间的相互了解和信息交流提供方便;打造人才交流平台,将科研院所、企业和人才交流中心等有机地组织起来,平衡人才供求,充分发挥青岛市海洋人才优势;打造投融资平台和招商引资平台等,实现资金供求双方的有效对接,有助于解决区域内资金供给不足的问题。

此外,政府还应该做好区域形象塑造和宣传工作,定期地举办蓝色经济区建设项目推介会、交流会以及组织国际高峰论坛等系列活动来提高青岛市在全国乃至全球的知名度和美誉度,以便吸引海内外优秀人才、著名企业或机构等积极参与蓝色经济区建设与发展。

(三)提供良好的公共设施

青岛蓝色经济区的建设依赖于政府提供充足的良好的公共设施,包括交通设施、城市道路、港口码头、运输航道(空运及海运)、滨海公园、通信设施(有线及无线)以及供电、供水、供热、供气、排污等生产及生活必需的配套设施,还包括教育、卫生、文化、安全等社会事业。

(四)解决外部性问题

外部性问题通常被定义为"某个人或某企业的活动给其他人或其他企业带来了正面的或者负面的影响,然而受到影响的个人或企业没有得到相应的报酬或者补偿"。具体地说,外部性问题是指一种经济活动,如交易、生产或消费等,没有完全被市场价格所反映出的额外的成本及收益。经济行为的外部性问题的存在,不利于资源的有效配置,也不利于社会福利的最大化。然而,作为资源有效配置的市场机制,是不能很好地解决外部性问题的。因此,要想有效地维护市场机制的正常运转,政府就必须介入其中,必须采取各种有力措施使外部性问题得以解决。

海水水体的连续性和贯通性,使得大多数海洋产业或涉海产业的海洋经济活动出现明显的外部性问题。对于海洋经济活动中的负外部性问题,如渔业生产者的过度捕捞造成的近海渔业资源的枯竭、不同海洋经济活动主体争夺和占用海岸线造成的岸线资源破坏、不合理的生产或生活活动导致海域污染等等,都有待于政府采取必要的手段来使问题得以解决,如罚款、管制、征收重税等。而对于海洋经济活动中具有正外部效应的经济行为,政府则应该通过实施财政补贴、税收减免、表彰奖励等手段鼓励其发展。

(五)主导特定海洋产业的发展

坚持市场主导是市场经济环境下经济社会发展的基本思路,但由于以海洋资源为作用对象,部分海洋产业对科学技术的依赖性极强、资金需求量极大、风险极高,单个企业或其他经济主体凭一己之力难以突破关键技术,生产成本居高不下,可预期收益不能满足获利要求,因此单纯依靠市场的资源配置功能该类产业将无法出现和发展,必须由政府主导其产生和培育过程。在产生和培育过程中政府起主导作用的产业主要包括海洋新能源产业、海水淡化产业以及海洋卫星遥感服务、金融服务、海洋气象或海况预报以及海洋环境监测等海洋现代服务业。

第二节 海洋主导产业的选择问题

实质上,现代区域海洋经济成长的过程就是海洋产业部门发展的过程。无论是国内还是国外经济发展的实践都充分证明,任何主导产业的快速发展都能够带动区域经济快速增长,并且在该地区经济发展中起着关键的作用。所以,青岛市实现海洋经济跨越式发展的关键就在于促进具有相对优势的海洋主导产业加速形成并快速发展。有鉴于此,科学地判断和慎重地选择海洋主导产业就成为青岛市蓝色经济区建设战略的关键问题之一。

一、海洋主导产业的选择基准及其指标体系

(一)海洋主导产业的选择基准

美国经济学家艾伯特·赫希曼(Albert Hirschman)是最早提出"主导产业"这一概念的。他同时还提出了依据产业关联度来确定主导产业的基准,即在制定经济发展计划时,应该优先考虑选择那些对较多产业有促进和带动作用的产业。美国经济学家W·W·罗斯托(Rostow)在吸收赫希曼不平衡发展理论的基础上,在其《主导部门和起飞》(1998)一书中,进一步提出了"罗斯托基准",即选择具有扩散效应(前向、后向、旁侧)的部门作为区域主导产业部门。日本经济学家筱原三代平则提出了主导产业选择的需求收入弹性和生产率上升率基准,分别从社会需求和社会供给角度来确定选择基准。国外还有的学者提出了动态比较优势基准,即在选择区域主导产业时,应该尽可能遴选那些能发挥本区域比较优势的产业,而且应该随着比较优势的变化随时进行调整。国外经济学家的这些论述,标志着主导产业选择理论的初步形成。

在我们国内,也有部分学者对主导产业选择基准进行了研究。例如,周振华提出了适合于发展中国家选择主导产业的三项基准,即增长后劲基准、短缺替代弹性基准和瓶颈效应基准。

此外,国内外的经济学家还提出了"高附加值"、"边际储蓄率"、"货币回笼"、"就业与节能"等多种主导产业的选择基准,但这些基准在经济学界尚未达成共识,本书不再一一赘述。

笔者认为,国内外经济学者的理论各有特色,都有其理论产生的特定背景,不可机械地搬用。青岛在选择区域海洋主导产业时,需要根据青岛海洋产业结构的具体情况、主导产业的特点及本区域的发展状况等方面综合考虑,仅仅用任何一类基准作为选择区域海洋主导产业的基准都是不可取的。参考本书前面提到的区域主导产业选择理论,结合海洋产业自身特点、区域经济发展实际情况,我

们认为,在判别与选择海洋主导产业时,应该考虑以下四个方面。

(1)规模效益性基准。海洋产业的规模决定其在区域经济发展中的重要性,一般来说规模大的海洋产业对区域经济的影响力和带动力较大。然而,综合效益好更是区域海洋主导产业必备的条件。如果一个海洋产业具有较高的经济效益而且也具有较大持续上升的空间,那么它就可能会发展成为区域海洋主导产业。

(2)海洋产业的关联度基准。在区域海洋主导产业的判别中,我们必须选择那些与前向、后向产业在投入产出比方面关联系数高、资源互补性强,并且产业互动性好的海洋产业作为主导产业。

(3)技术进步基准。作为海洋主导产业,它应该是在区域内具有领先技术并且有较强的技术储备,能够顺应该区域海洋科学技术的发展,并对整个海洋产业的结构升级具有较好的推动或带动作用的海洋产业。

(4)市场潜力基准。作为海洋主导产业,它应该具有较大的成长空间和较好的发展前景,特别是随着人均收入水平的提高,消费市场对海洋主导产业产品的需求量也应该呈现出较快增长的态势。

(二)海洋主导产业选择的指标体系

本书根据上述的海洋主导产业选择的四类基准,建立了相应的量化指标体系。具体内容如表7-1所示。

表7-1 海洋主导产业选择的指标体系

选择基准	判别指标	计算公式
规模效益性	增加值比重	增加值比重=某海洋产业增加值/区域海洋产业总产值
海洋产业关联度	产业关联系数	—
技术进步	技术进步贡献率	技术进步贡献率=技术进步速度/产出增长速度
市场潜力	需求收入弹性	需求收入弹性=某海洋产业产值增长率/人均可支配收入增长率

1. 增加值比重

增加值是按照市场价格计算出的常驻单位在一定时期内的生产或服务活动的最终成果。增加值比重显示出各海洋产业在区域海洋经济发展中的地位,增加值比重较大的海洋产业对区域海洋产业发展的贡献亦较大。

2. 产业关联系数

产业链由一个个相互关联的产业环节组成,产业关联系数越大,说明该海洋产业辐射效应越明显,对其他产业(包括海洋产业、陆地产业)的拉动作用越大,在国民经济中的地位就越高。

3. 技术进步贡献率

在海洋主导产业的选择中,应该选择那些技术进步快、科技水平高、技术要素密集的海洋产业,这样可以保证区域海洋产业结构不断优化并处于领先地位。

4. 需求收入弹性

需求收入弹性是指某种海洋产品的需求增长率与人均收入增长率之比,反映出随着国民收入的增加而导致人们对相关海洋产品最终需求的变化。需求收入弹性大的海洋产业在未来的发展中会占有较高的市场份额并获得较高的利润。

二、青岛市海洋主导产业的选择

鉴于海洋产业统计数据的不完整,我们采用 Delphi 法对青岛市海洋主导产业进行判断。首先,将每个判别指标划分为高、较高、一般、较低和低共 5 个等级,并为各个等级赋予了定量数值,其中,高为 5 分、较高为 4 分、一般为 3 分、较低为 2 分、低为 1 分。然后,邀请若干位专家按照判别指标分别对青岛市的十几种海洋产业进行逐项打分。最后,综合分值大于 4 分的海洋产业即被选择作为青岛市的海洋主导产业。

第七章 青岛蓝色经济区建设中的关键问题分析

(一)确定权重

采用 Delphi 专家调查法确定各项指标在综合评估中的权重,如表 7-2 所示。

表 7-2 各类判别指标的权重

判别指标	增加值比重	产业关联系数	技术进步贡献率	需求收入弹性
权重(%)	15	25	25	35

(二)专家评测

邀请各位专家对所列的各类海洋产业进行打分评测。表 7-3 是以现代海洋渔业为例得出的综合分值,表 7-4 是青岛市现有海洋产业门类的综合分值。

表 7-3 现代海洋渔业综合分值

专家分值 判别指标	专家1	专家2	专家3	专家4	专家5	综合分值
增加值比重(15%)	5	5	4	5	5	4.8
产业关联系数(25%)	5	4	5	5	4	4.6
技术进步贡献率(25%)	4	5	5	4	4	4.4
需求收入弹性(35%)	5	5	5	4	4	4.6
分值合计						4.59

表 7-4 青岛市各海洋产业综合分值表

产业门类	综合分值
现代海洋渔业	4.59
港口物流与海上运输业	4.47
滨海旅游业	4.60
海洋科教与信息服务业	4.65

(续表)

产业门类	综合分值
海洋生物制品与医药产业	4.32
海水综合利用业	4.27
高端海洋装备制造业	4.43
海洋可再生能源产业	4.16
海洋环保产业	4.21
海洋盐业	3.40
海洋新材料产业	3.86
海洋工程建筑业	3.75
海洋化工业	3.56

(三)选择结果及理由陈述

笔者根据专家们的评分结果,并且结合青岛市海洋产业发展的基础情况,认为在现阶段及未来一段时期内,青岛市海洋主导产业主要有以下9种。

(1)现代海洋渔业。现代海洋渔业与渔具制造业、饲料加工业、食品工业、销售业等联系紧密,关联系数高。青岛市渔业科研实力强,比较优势明显,特别是高效、节能、高密度集约化的封闭式循环水(日均水利用率在95%以上)、全程免药养殖等养殖模式正在推广普及,符合可持续发展要求。随着人均收入水平提高,富含蛋白质、不饱和脂肪酸及多种人体必需微量元素的高值化海产品需求量呈逐年递增态势,青岛市水产品产量将逐年增加。

(2)港口物流与海上运输业。港口物流与海上运输业作为青岛市传统优势海洋产业,增加值比重较大。特别是随着董家口港区的快速建设和港口智能化管理系统的推广应用,青岛市港口运输市场体系、运力结构将不断优化,未来青岛市港口吞吐量将进一步提升。以海港作为海陆联系重要节点,港口物流与海上运输业

第七章 青岛蓝色经济区建设中的关键问题分析

与造船业、海洋工程建筑业、临港工业、服务业等产业关联度高。

(3) 滨海旅游业。青岛市具有丰富的自然及人文景观,是国际知名的滨海旅游胜地。2010 年青岛市滨海旅游总收入 580.04 亿元,占青岛市海洋产业总产值比重达 37.4%,对青岛市海洋经济贡献度大。随着"后奥运"效应的显现,"帆船之都"城市品牌知名度将进一步提升,旅游市场潜在容量大,发展前景好。滨海旅游业同时具有资源消耗低、产业关联度大、综合效益高的特点。

(4) 海洋科教与信息服务业。海洋科教与信息服务业具有智力要素密集度高、产出附加值高、资源消耗低、环境污染少等特点。青岛市作为享誉中外的海洋科学城,海洋科技人才数量多、科技创新机构全、学科覆盖面广,海洋科教与信息服务业发展良好,对其他海洋产业渗透支撑作用显著,关联度高。随着青岛蓝色经济区改革发展试点工作的开展,海洋科教与信息服务业增加值比重将进一步提升,海洋科研成果转化率也相应提高,对区域海洋产业发展的支撑和促进作用将更加明显。

(5) 海洋生物制品与医药产业。海洋生物制品与医药产业是处于快速发展中的高新技术产业,代表着医药产业发展的方向,市场潜力巨大。青岛市重点海洋科研单位海洋生物领域正高级人才占青岛市海洋科研力量的 35.1%,为海洋生物制品与医药产业发展奠定了坚实基础。青岛市是我国海洋生物医药开发的重要基地,2009 年海洋生物医药产值占全国的 40%。海洋生物制品与医药产业和海洋化工业、食品工业、海洋渔业等产业联系密切。从海洋生物制品与医药产业在整个医药产业中所占比重来看,虽然该产业目前规模较小,但是作为新兴的朝阳产业,随着新药研制、成果转化、产业化开发进程的不断加快,产业规模将以大大高于医药产业平均增速的发展速度而得到快速壮大,发展前景非常广阔。

(6) 海水综合利用业。青岛市是我国北方沿海严重缺水城市之一,多年平均水资源总量为 21.5 亿立方米,人均占有水资源量

247立方米,为全国平均值的11%。海水综合利用业资源利用率高、环境污染小,是缓解青岛市淡水资源短缺、促进经济可持续发展的重要途径,具有巨大的推广价值与发展潜力。青岛市作为国家级海水淡化与综合利用示范城市和产业化基地,技术进步贡献率高,初步具备了发展海水淡化产业的基础。海水综合利用业与海洋化工业、机械制造业、电力业等产业均有关联,协作发展优势明显。

(7)高端海洋装备制造业。随着世界航运与深海资源开发事业的发展,海洋绿色船舶和以油气为代表的深海资源勘探开发装备拥有巨大的市场潜力。近年来,青岛市高端海洋装备制造业发展迅速,2010年实现产值350亿元,占海洋产业总产值的比重为22.6%。目前,青岛市正在积极打造以海西湾为主体的高端海洋装备制造产业集群,曲轴、船用柴油机、电力拖动等产业配套项目也正在加快推进。高端海洋装备制造业作为一个巨大的综合性产业载体,与机械制造业、化工业、轻纺业、建材业等多类产业联系紧密,关联产业链条长,产业带动作用明显,应成为青岛市重点培育和发展的未来海洋主导产业之一。

(8)海洋可再生能源产业。作为典型的能源输入型城市,青岛市传统能源供应能力受限,可持续发展面临挑战。而青岛市三面环海,具有得天独厚的自然禀赋,海洋科研力量雄厚,为发展海洋可再生能源产业创造了条件。海洋可再生能源开发潜力大,环境污染低,可永续利用,是有利于人与自然和谐发展的重要选择。但是相比传统能源,海洋可再生能源分布分散、开发难度大,产业化发展必须依靠高新技术做支撑。此外,海洋可再生能源产业离不开海洋工程建筑业、海洋装备制造业、海洋科教与信息服务业等产业的支持,产业关联系数高。因此,可将其作为青岛市未来海洋主导产业进行培育。

(9)海洋环保产业。海洋环保产业以协调社会进步、经济发展与海洋资源利用为主要目标,对于解决区域经济发展中的资源和环境问题,推动区域经济可持续发展具有重要的战略意义。海洋环保产业属于高新技术产业,对海洋高新科技有极强的依赖性,而青岛市拥有一批涉及海洋环保科技研发的科研机构,为发展海洋环保产业奠定了基础。此外,海洋环境质量直接影响到各类资源开发型海洋产业的经济效益,海洋环保产业与众多海洋产业部门有着密切联系。

第三节 海洋科技创新支撑体系构建问题

相比陆地资源开发,海洋资源开发受海洋自然环境约束大,具有开发难度大、科技依赖度高的特点,科技创新在蓝色经济发展中的作用不断加强。蓝色经济区科技创新发展需要长远规划,也需要全方位的保障,科技创新支撑能力建设是促进科技创新不断取得新进展并快速转化为现实生产力的关键环节和基础。立足于区域科技创新体系建设,不断提高蓝色经济区科技创新支撑能力,把其作为蓝色经济区建设的重要方面从战略全局的高度进行规划,具有重要的战略意义。

一、制约青岛市海洋科技创新发展的主要问题

(一)人才问题

一是部分海洋科技人才流失。20世纪90年代以来,随着海洋开发热潮的涌动以及各地对海洋科技人才需求的加大,我国东部沿海地区出现了广州、厦门、杭州、上海、青岛、天津、大连等海洋科技与人才"多中心"竞争格局。在特殊政策和待遇吸引下,青岛市海洋科技人才尤其是优秀中青年人才"北上南下"现象开始显现,青岛市原有的海洋科技人才优势正在面临严峻挑战。

二是海洋科技队伍领域配置严重失衡。青岛市海洋科技队伍领域配置严重失衡,海洋生物领域科研力量雄厚,重点海洋科研单位海洋生物领域正高级人才占35.1%;而材料科学与工程、海洋装备制造、海洋信息与技术、港口及海岸工程、海洋油气等海洋开发利用重点应用技术领域科技力量相对薄弱,分别仅占0.07%、3.0%、6.20%、4.60%和2.0%。

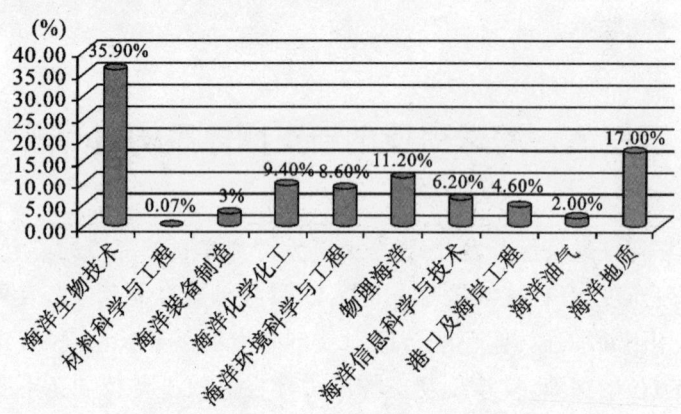

图7-1　青岛市重点海洋科研单位正高级人才科研领域配置

(二)资金投入问题

一是科技创新资金投入渠道单一。以政府政策性投入为主的海洋科技创新投入机制带来了一系列问题。首先,政府的资金有限,而海洋科技创新研究涉及的领域很广,政府拨款分摊到具体单位和具体项目上的资金更显单薄。另外,海洋科技创新成果的取得是一个长期的过程,需要持续不断的资金投入,而地方政策具体到某个领域时往往缺乏连续性,造成政府海洋科技创新资金投入也缺乏连续性。

二是风险投资作用没有得到充分发挥。海洋科技创新仅仅依靠政府的政策性投资和企业自我积累形成的投资远远不够,风险投资的介入可以有效弥补科技创新资金的不足。目前,风险投资

第七章 青岛蓝色经济区建设中的关键问题分析

在青岛市海洋科技领域尚未找到一个合适的突破口,风险投资公司即便有介入海洋科技创新领域的想法,也往往由于信息的缺失而被阻隔在海洋科技创新的大门之外。

(三)创新环境问题

首先,以企业为主体的科技创新体系尚未形成。青岛市海洋技术开发以科研院所为主体,涉海大企业少,科技成果转化载体少,缺少品牌支撑,且自主创新意识淡薄,创新能力较弱,制约着企业科技创新主体作用的发挥,不利于科技创新活动的持续开展。

其次,服务于海洋科技发展的公共服务平台建设相对滞后。由于目前的区域科技体制还存在着比较严重的条块分割现象,有关海洋科研院所之间的联系较少,甚至各自为战,横向关联度不强,资源共享的平台少,从而导致政府与企业以及科研院所之间缺乏顺畅的交流渠道,大量可供分享的科研数据、科技文献以及企业的各类需求信息等难以实现共享。此外,各单位科研设备共享的平台建设也不健全,致使一些单位的科研基础设施和昂贵的精密仪器设备存在管理水平不高、共享程度低以及利用率低等现象。

(四)创新成果转化问题

科学技术是生产力,但科学技术只有渗透到生产力的基本要素中才能在生产过程中形成现实的生产力。科技成果是否能够迅速得以转化和利用,是科学技术潜在生产力能否转化为现实生产力的关键。目前,青岛市仍然存在着海洋科技成果转化渠道不畅通导致成果转化率低等问题,其主要原因是科技成果转化缺少载体,"墙内开花墙外香"的现象表现突出,海洋科技服务于海洋经济发展的能力亟待加强。

出现上述现象的主要原因之一就是海洋科技成果转化中试平台建设薄弱,致使许多具有较好产品前景的研究成果由于缺乏中试的主体而停留在实验室阶段。在当前条件下,高校和科研机构往往没有资金实力进行科技成果的中试,而对于有资金实力的企业来说,虽然科技成果的创新性能为新产品带来高附加值、高利润,但科技成果的中试过程本身的不确定性和风险性比一般经济活动要大得多,从而望而却步。

另一个主要原因是缺少专门从事科技成果转化的中介机构,产学研结合成效不高,造成了企业与院所之间供求信息的缺失,科研院所取得创新成果后往往无处转化,许多富有市场前景的成果流出青岛,所以造成了海洋科技"墙内开花墙外红"的现象。同时,现有的评估及定价机制往往对技术价格评估偏低,挫伤了研发机构对外转让技术的积极性,一些科研院所宁愿把技术束之高阁或进行低水平的自我转化也不愿将其向外转让。

此外,科技法规不完善也是影响科技成果转让重要因素之一。在科技成果转化过程中,经常会出现各种知识产权的纠纷,如在科研单位与科技人员之间、集体成果各完成者之间,或者投资者与成果完成者之间等。有关法律法规的缺失往往使得这些纠纷得不到及时的解决,这在一定程度上也制约着海洋科技产业化进程。

二、青岛市海洋科技创新支撑体系的构建

鉴于青岛海洋科技领域从研究工作到科技成果转化整个过程的各个阶段都存在着种种问题,所以有必要建立青岛市海洋科技创新支撑体系。该体系应该是以政府为主导、以企业为核心、以海洋科研院所和中介机构为主要支撑的体系。政府应该积极协调海洋科技创新支撑体系中各方的利益需求,促进体系建设的有关各方形成互利共赢的合作模式,共同服务于青岛市海洋科技创新体系建设。企业作为科技创新成果产业化的主要力量,应该积极促进科技成果实现产业化,尽快将科技创新的成果转化为现实生产力。科技创新支撑体系建设要紧紧围绕经济社会发展这一中心任务,坚持以企业为服务对象,以促进科技创新成果产业化为发展方向。海洋科研院所和中介机构是主要支撑。青岛市海洋科技创新

成果主要源于海洋科研院所,院所科研力量优势是青岛市海洋科技方面的优势所在,而中介机构在海洋科技创新成果的转化等方面也发挥着不可替代的作用。

科技创新支撑体系涉及面广,一切有利于促进科技创新、有利于解决科技创新过程中遇到的"瓶颈"问题的因素,都可以纳入科技创新支撑体系中来。海洋科技创新支撑体系主要包括科技创新的政策与体制支撑、科技创新投入支撑、科技创新公共服务平台支撑以及广泛的科技创新国内外交流与合作等。

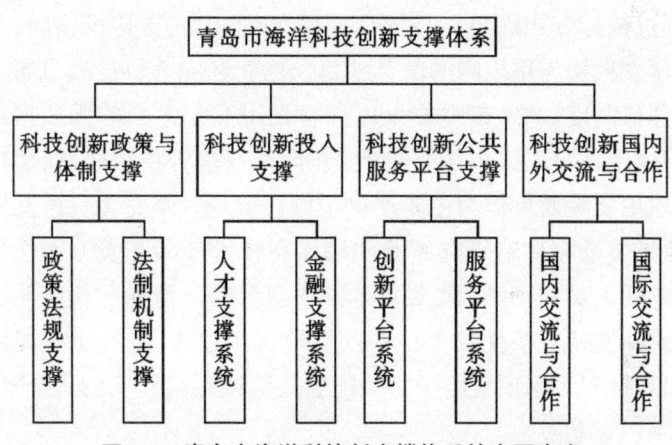

图 7-2 青岛市海洋科技创支撑体系的主要内容

(一)科技创新政策与体制支撑

一是加强组织领导和统筹协调,促进形成青岛市海洋科技发展的整体合力。要本着"凝聚力量、强化沟通、促进合作、协同发展"的原则,由青岛市主管领导挂帅,联合市委、市政府的有关部门,如组织部、人事局、发展与改革委员会、科技局、海洋与渔业局、财政局等单位,以及辖区内的涉海高校、海洋科研院所,以及主要涉海企业、科技中介服务机构等,共同推进海洋科技创新与人才队伍建设。通过组建青岛市海洋科技创新与人才队伍建设领导小组,有效衔接《全国科技兴海规划纲要》、山东半岛蓝色经济区建设、青岛市"环湾保护、拥湾发展"等重大战略部署,推动区域内海洋科技资源实现有效整合,发挥多学科交叉融合优势,开展海洋科技联合攻关。定期组织召开海洋科技创新交流会,举办海洋科技成果展示和推介会,加强青岛市海洋科技力量之间的合作与交流。

二是要对目前的海洋科技项目管理机制进行改革,调整青岛市科技计划管理体系,做到顶层设计与生产需求紧密结合。同时要建立科研选题和立项的公开、公示、公议制度,广泛听取并充分尊重科研机构与相关企业意见。要积极推行科技计划项目招标制度,通过招标方式确定科技项目实施单位,优先支持机构间、学科间和研发机构与用户间的联合项目。建立和完善科技成果第三方独立评估制度,基础研究成果以同行认可和学术影响为依据展开评估,应用性研究成果的评价实施阶段后移,将技术转移、生产和市场应用实际效果作为主要评价指标。要进一步完善科技奖励制度,重点奖励在基础研究领域和海洋高技术产品开发方面作出重大贡献的人员和团队,激发海洋科技创新的热情和积极性。要积极鼓励并支持有条件的单位和团队申请国家级、省级重大海洋科技项目,针对不同项目给予相关配套政策或不同程度的资金支持,保证项目顺利实施。

(二)科技创新投入支撑

1. 加强海洋科技创新人才队伍建设,打造区域海洋科技人才高地

首先,要完善并落实有关海洋科技人才的法规。切实落实国家和山东省的人才政策法规,制定和完善青岛市海洋科技人才的相关政策,认真做好人才评价、人才使用、薪酬待遇、人才引进、人才流动、人才保障等各方面的工作,创造有利于海洋科技人才成长和发展的良好区域环境。

其次,要加强海洋科技创新载体建设。加强国家、省、市重点实验室,博士后流动站和工作站,产学研共建研发中心,海洋科技

第七章 青岛蓝色经济区建设中的关键问题分析

成果中试基地、工程中心,企业技术中心等海洋科技创新载体建设,充分发挥其对海洋科技人才的吸纳和集聚功能,打造具有强大吸引力和承接力的青岛市海洋科技人才汇聚平台。

再次,要加大海洋科技人才培养和引进力度。适应市场竞争需求,实施海洋教育机构学科专业设置调整,加强海洋开发和工程技术人才培养,要采取出国学习或专项培训等方式,大力培育青岛市海洋战略性产业和关键技术领域领军人才;同时要加大海外人才引进力度,制定政策以鼓励和支持留学人员来青创业。要加强留学人员创业基地建设,大力引进海洋经济发展所急需的专业技术人才和经营管理人才。要建立区域海洋科技高层次人才管理信息系统并且改革人才管理模式,建立"开放、流动、竞争、协作"的用人机制,鼓励科研人才向涉海企业流动,以此促进技术与经济的密切结合。

2. 强化资金投入,建立多渠道和多元化的投资融资体系

首先,要加大地方政府对海洋科技创新的直接或间接资金投入,并充分发挥政府投入的引导作用,通过财政拨款、土地转换、财税减免等方式来加大对国家实验室、重要海洋科研机构、重大海洋科技项目及涉海企业研究开发中心等的资金支持力度。还要充分利用科技型中小企业技术创新基金,对海洋科技型中小企业实施重点支持,鼓励相关企业进行自主创新。此外,要推出相关政策,鼓励涉海企业本身加大对研究开发经费的投入,逐步使企业成为海洋科技创新投入的主体。

其次,要采取措施推进多元化和社会化的投入体系建设,以便形成政府投入的资金、企业本身的资金和市场资金的有效对接。要进一步完善信用制度,建立起相对稳定的银企关系,提高金融机构对涉海企业科技进步和科技产业发展的支持力度。要对竞争力强、成长性好、发展潜力大的海洋科技企业上市融资给予大力支持。此外,要尽快设立青岛市海洋创业风险投资引导基金,逐步建

立以民间资本为主体的风险投资机制。要积极吸引国际风险投资,鼓励国外的投资机构参与青岛市海洋科技创新和蓝色经济区建设事业。

(三)科技创新公共服务平台支撑

首先,要完善海洋科技创新和海洋科技开发活动中所应具备的科技条件,如海洋科技设施装备、科技基础数据、科技规范和标准等软硬件条件。要加强实验基地和大型科学仪器设备共享平台、科技资源共享平台、科学数据和科技文献共享平台、服务于科技成果转化的公共服务平台等各类平台的建设,通过平台开放共享,积极整合海洋高新技术园区、高校、科研院所、区域创新服务中心等各种科技创新的资源。

其次,要构建政府、科研院所与涉海企业之间的信息交流平台,积极引导生产力促进中心为中小企业提供经营管理、技术转让、信息咨询、人才培训、成果转化及投融资等方面的服务,打造科技创新公共服务平台。

(四)科技创新国内外交流与合作

适应海洋科学研究国际化和多学科交叉融合趋势,加强与国内外海洋科技领域的交流与合作,创新合作模式,拓展合作领域,充分利用全球海洋科技资源,提高青岛市海洋科技发展水平。

首先,要利用有关国家政府间的海洋科技合作协定,全力支持青岛市的科学家在重要国际海洋科学组织中担任重要职务,培养出青岛本地的具有国际领先水平的海洋科研领军人才。

其次,要积极参与国际海洋领域重大科学计划或项目,逐步培育由青岛市科学家主持的国际性海洋科技合作研究项目。

再次,要支持海洋科研机构间的合作与交流,鼓励本地的海洋教育与科研机构同国内外的高水平大学和科研机构建立高水平的长期的合作与交流关系。

此外,要鼓励本地有条件的涉海企业"走出去",在海外设立从事于研究与开发的机构或产业化基地。

第四节 内陆县市融入蓝色经济区建设问题

作为以海洋经济为主题的区域发展战略,蓝色经济区建设战略的提出为青岛市大力发展海洋经济提供了前所未有的机遇,青岛市700千米的海岸线上涌动着新一轮发展的勃勃生机。而青岛蓝色经济区所辖区域也同时包括平度和莱西两个内陆县市,如何统筹内陆和沿海地区发展,充分发挥两市的重要作用,加速区域一体化发展进程,成为青岛蓝色经济区发展的关键问题之一;而在无海岸线可做文章的情况下,如何破题蓝色经济,如何依托内生发展优势全面融入青岛蓝色经济区发展大局,也成为摆在平度和莱西两个内陆县市面前的难题。

一、平度和莱西两市发展概况

平度市位于胶东半岛西部,地处山东半岛制造业中心地带,总面积3 167平方千米,占青岛市总面积的31%,是山东省面积最大的县级市。平度市地理位置优越,是山东半岛城市群战略布局和连接青岛、烟台、潍坊三个城市的中间带,也是青岛大城市框架中的重要组成部分。它位于青岛市"1小时经济圈"内,具有承接经济要素流动和产业转移的独特优势。更为重要的是平度市道路交通发达,济青、潍莱、威乌、同三、青银高速公路以及大莱龙铁路、804省道等多条交通要道都从这里经过。境内高速公路总里程达200多千米,居全国县级市之首。

近年来,按照"企业集聚—产业集群—工业基地"的发展思路,平度市全力推进新型工业化发展,构建起了"一主两次、三大板块、组团发展"的总体发展框架。通过城区板块、平南板块、平西板块组团发展和平度经济开发区、海峡两岸农业合作实验区、华侨科技园等重点园区的建设,着力培育了电子家电、汽车配件、食品加工、特色化工四大特色产业体系。2013年,平度市地区生产总值达790.11亿元,其中第一、二、三产业分别实现增加值97.24亿元、388.8亿元和304.07亿元。

表7-5　平度市2013年国民经济发展概况

指标	数值	增长率(%)
GDP(亿元)	790.11	12
第一产业增加值(亿元)	97.24	2.6
第二产业增加值(亿元)	388.8	11.7
第三产业增加值(亿元)	304.07	15.6
三次产业比例	12.3∶49.2∶38.5	
地方财政一般预算收入(亿元)	45.2	24
规模以上工业总产值(亿元)	1 601.9	11.8
城镇居民人均可支配收入(元)	27 864	9.61
农民人均纯收入(元)	15 269	12.33

莱西市位于胶东半岛中部,地处山东省半岛城市群和半岛制造业基地的中心地带,总面积1 522平方千米,人口72.3万。莱西市现辖3个街道、11个镇和1个经济开发区,862个村庄。该市地理位置优越,居青岛、烟台、威海三大沿海开放城市之间,交通也极为方便,离青岛港90千米,离青岛国际机场仅有60千米,在青岛市"1小时经济圈"内,所以素有"青岛后花园"之称。该市是国务院确定的沿海地区对外开放县市,先后荣获"山东省首批文明城市"、"全国环保模范城市"等称号。莱西市的经济发展速度较快,目前已进入国家统计局公布的全国百强县(市)行列,已经成为最适合人类居住、最适宜创业发展的现代化生态型湖滨城市。莱西市国

民经济发展状况良好,2013年实现地区生产总值594.91亿元,其中第一、二、三产业分别实现增加值58.09亿元、284.46亿元和252.36亿元。三次产业比例由2009年的10.76∶51.51∶37.73调整为9.76∶47.82∶42.42。

表7-6 莱西市2013年国民经济发展概况

指标	数值	增长率(%)
GDP(亿元)	594.91	11.9
第一产业增加值(亿元)	58.09	2.3
第二产业增加值(亿元)	284.46	11.3
第三产业增加值(亿元)	252.36	14.8
三次产业比例	9.76∶47.82∶42.42	—
地方财政一般预算收入(亿元)	35.54	20.3
工业总产值(亿元)	1 068.40	15.8
城镇居民人均可支配收入(元)	30 247	9.6
农民人均纯收入(元)	15 302	12.3

二、平度和莱西两市融入蓝色经济区建设的具体思路

(一)借青岛市产业结构转型和城市布局调整之机,积极承接市区产业转移,打造承接青岛产业转移的桥头堡

首先,两市要充分发挥自然资源、发展空间和人力资源优势,明确产业承接重点,因地制宜承接发展劳动密集型产业、农副产品加工业、机械装备制造业以及现代服务业等各种优势特色产业。同时,严把产业准入门槛,确保产业承接符合区域生态功能定位,严禁国家已经明令淘汰的生产能力低、耗能高、排放高等不符合国家产业政策的项目转入,以避免出现低水平的简单复制现象。

其次,要把现有的产业园区作为承接青岛市产业转移的重要

载体和平台,引导转移产业和项目向现有的园区集聚,全面提高转移产业承载能力。具体来说,一方面要不断加强现有园区的交通、通信、供水、供气、供电等配套基础设施的建设,增强园区的要素吸纳和集聚能力,另一方面要充分发挥园区已有重点产业、骨干企业的带动作用,吸引产业链条整体转移和关联产业协同转移,提高产业配套能力,促进产业的专业化分工和社会化协作。

最后,要通过完善政务环境、打造公共服务平台、完善承接地交通基础设施、整顿和规范市场秩序、健全社会诚信体系、加强知识产权保护、健全市场运行法制等措施,全面改善两市承接青岛市区产业转移的软、硬环境,降低产业转移交易费用。

(二)瞄准产业发展高端,积极发展战略性新兴产业

"高端产业聚集区"是青岛蓝色经济区发展定位之一,对于平度和莱西两市来说,要以产业结构调整和提高经济效益为出发点,瞄准产业高端,大力发展符合国家产业政策的战略性新兴产业。具体到平度市,一要突出抓好中科院青岛生物能源与过程研究所中试基地项目建设运营,打造富有区域竞争力的高新科研成果(创意)孵化基地,在生物化工、化学化工、节能环保等方面培育一批技术领先、前景广阔、具有自主知识产权的高新技术项目;二要整合石墨资源,加快推进新华锦新材料和三菱化学锂电池项目,培植集产业研发、创业孵化、高端服务于一体的石墨新产业体系,建设国家级石墨科技研发中心、全国性石墨科技及产品交易中心、石墨原料开采生产及综合治理产业基地;三要依托大唐、华润、龙源三大风电及平都生物质热电等项目,加快培育以太阳能、风能、生物质能等为主的新能源产业;四要加快发展顺应市场需求的混合动力车、电动汽车及零部件产业;五要大力发展环保产业和新兴节能减排技术。对于莱西市来说,要凭借与青岛市各区相连的优势,依托已经培育形成的特色产业集群,发力产业结构升级,把新材料、新能源、生物医药、节能环保等战略性新兴产业确立为区域产业发展

第七章 青岛蓝色经济区建设中的关键问题分析

重点,坚持速度、质量、效益相统一,走内涵式可持续发展道路,积极培育新的经济增长点。

(三)融入青岛市旅游大格局,大力发展特色旅游业

蓝色旅游是青岛市蓝色经济发展的重要内容之一,而目前青岛市蓝色旅游业以分布在沿海一线的观光游为主,旅游形式比较单一。发挥两个内陆县市的旅游资源优势,将平度、莱西纳入青岛大旅游格局,实现与蓝色经济区滨海游、休闲游的有效对接,将极大丰富青岛市旅游业态,增强区域旅游综合竞争力,也有利于平度和莱西两市旅游创收。其中,平度市要以创建中国优秀旅游城市目的地为目标,着眼高端,突出特色,统筹重点风景区、历史人文等各类资源,依托大泽山旅游开发、茶山民俗村、蓝树谷、思潮产业园、两山书院等重点项目,大力发展名山圣水游、感恩文化游、生态健身游、休闲体验游、会展节庆游、红色胜地游;莱西市以"生态休闲"为主题,围绕"现代化生态型湖滨城市"建设,突出"水"的特色,加快推进江山湖、莱西湖、月湖、大青山等景区开发,培育发展民俗文化、观光休闲、水上观光、乡村采摘等特色休闲旅游,推进旅游产业与文化、会展节庆、商贸、体育等产业联动发展,加快融入半岛旅游圈。

(四)发挥地理区位优势,做大做强物流业

平度、莱西两市地处山东半岛城市群战略布局中的中间带,是半岛南北交流、东西交流的枢纽,紧邻海港、空港口岸,区位交通优势明显。两市应凭借良好的区位优势,以服务青岛港和山东半岛城市群为宗旨,做大做强物流产业,打造山东半岛陆路物流集散中心。首先,依托青岛港,实施港区联动,建立国际物流园区。以拓展青岛港物流腹地为宗旨,立足胶东半岛制造业基地外向型经济发展,申请建设国际物流园区,拓展保税仓库和"内陆无水港"功能,与半岛地区保税区、出口加工区连为一体,实行"境内关外"的海关监管制,发展海铁联运、公铁联运等集装箱多式联运,使平度

和莱西成为辐射山东中西部最便捷的口岸之一。其次，依托区域内大型企业及重大项目建设特色物流园区。在平度市，依托青岛海湾集团在新河化工产业园形成的北方化工原料及精细化工产业中心建立青岛市生态化工物流园区，并与烟台莱州海洋新能源产业集聚区和潍坊生态海洋化工生产基地进行跨市产业对接；在莱西市，重点规划建设城区综合物流中心和姜山物流园区，积极发展钢材、医药、盐业、建材等物流业，并着重发挥中盐青岛盐业有限公司等国家级食盐配送和储备库物流配送功能，延伸产业链条，做大做强食盐加工、销售和储备等产业。

（五）以服务中心城区生活消费为目标，发展高端特色品牌农业

随着生活水平的提高，人们对食品鲜度、质量和安全性的要求越来越高，无公害食品、绿色食品成为竞相关注和消费的对象，以满足城市居民生活消费为宗旨的近郊、中郊、远郊农业迅速发展起来。作为青岛最重要的农业大市，平度和莱西应充分发挥农业土地资源丰富、农村劳动力数量多以及已融入青岛市"1小时经济圈"的优势，以高端特色品牌为引领，以区域化布局、标准化生产、科技化支撑、品牌化运作、产业化经营为途径，依托区域内粮、油、果、菜等特色鲜明的农产品生产聚集区，加大力度发展高端的特色品牌农业，积极推进各类农产品的标准化生产，并通过"农超对接"、"农批对接"等农产品流通模式创新积极融入青岛市都市产业圈，为城市居民供应优质农产品。其中，平度市要着力构建以城区马家沟芹菜、平南优质粮油、平东出口蔬菜、平北生态果品、平西畜牧养殖为主体的各具特色的优势主产区，打造国家级精致农业试验示范区和国家地理标志产品保护示范区；莱西市应着力实施"三线二区一流域"的种植业生产布局和"以奶牛、肉鸡、生猪为主导，以肉牛、肉羊、蛋鸡为补充"的畜牧业产业格局，打造莱西市环湖休闲观光农业长廊、粮油高产示范区、设施蔬菜示范区、苹果新模式栽培示范区、设施果树栽培示范区、出口创汇蔬菜和超市精细蔬菜示范区

以及多处奶牛、肉鸡和生猪养殖场。

第五节　半岛城市群的协调与合作问题

如何更好地实现与半岛城市群其他城市间的协调与合作,是青岛蓝色经济区建设所面临的另一个关键问题。作为山东半岛蓝色经济区核心区的龙头城市,青岛市本身的发展也必须纳入全省蓝色经济区的总体规划框架内,在融入半岛、服务半岛、合作共荣、协同发展的过程中,只有理清发展思路,明确功能定位,才能不负历史使命,完成蓝色经济区建设的重大战略目标。

积极推进半岛城市群的协调与合作,有利于充分发挥区域整体优势,加快区域经济一体化进程并进一步优化区域发展布局,促进区域经济社会的共同繁荣。也将有利于加快转变发展方式,推进产业结构优化升级,提高经济发展的质量和效益。还将有利于统筹海陆资源,进一步拓展城市发展的空间,增强区域综合竞争力和可持续发展的能力;有利于进一步创新体制机制,推进青岛的改革开放事业,完善和提升城市功能,更好地发挥青岛在区域发展中的龙头作用,实现经济社会的全面协调可持续发展。

一、半岛城市群协调与合作面临的主要问题

一是各有关城市间缺乏有效的协调联动机制,资源整合不力,制约着整体优势的充分发挥。由于各市在功能定位和产业发展方面合作意识不强,青岛市的区域经济一体化总体上仍然处于启动阶段,而且行政区划束缚和地方政策差异问题依然比较明显,劳动力、资金、土地、产权、人才等要素统一市场尚未形成,生产要素流通渠道不畅,优势资源远未发挥出最大效应。

二是产业布局不合理,面临产业趋同和优化升级的双重压力。

各市产业的雷同和结构的相似,互补性差,导致分工协作、联动发展的难度较大,重复投资、重复建设的情况比较严重。此外,传统工业在整个工业经济中所占比重偏大而现代服务业和先进制造业以及高新技术产业的规模又相对偏小,产业集中度低,企业研发能力和品牌创新能力相对不足等,都是半岛城市群协调与合作面临的主要问题。

二、加强半岛城市群协调与合作的具体思路

在蓝色经济区建设过程中,青岛市应该根据半岛地区的资源条件和现有的产业基础,按照"优势互补、产业配套、组团架构、错位发展"的思路,坚持海域、海岸带、内陆腹地"三位一体"协调发展,实现"四个统筹",即海陆产业统筹规划、资源要素统筹配置、基础设施统筹建设、生态环境统筹整治,重点抓好基础设施联通、海洋产业互补、市场统一开放、同城服务系统建设等各项任务,与烟台、威海、日照、潍坊、东营、滨州等城市建立起全面合作的伙伴关系,通过海洋科技、海洋经济、海洋生态环境等领域的合作,带动区域一体化的形成。

(一)海洋产业的发展

按照山东省委、省政府提出的"集中集约用海,打造山东半岛蓝色经济区"的要求,合理布局区域性基础设施,确定产业尤其是海洋产业的发展重点,力求各城市实现功能互补、错位竞争和各自的特色发展。具体来说,要加强产业分工与协作,建设跨区域的特色产业基地;加快港口对接,形成山东半岛港口群的联合优势;在海洋经济和海洋产业的招商引资及重大项目的布局上,加强各城市之间的沟通与合作,有效地避免重复建设,形成发展合力;加强物流运输通道的构建,建立跨市区的区域物流合作节点。

(二)基础设施的建设

积极推进蓝色经济区基础设施的一体化发展,建设跨行政区

第七章　青岛蓝色经济区建设中的关键问题分析

划的综合交通运输网络，形成以铁路和公路运输为主，航运和航空运输协调的交通运输体系，并不断完善能源、水资源、信息化服务等基础设施。

打造以青岛港为龙头，以包括烟台港和日照港在内的半岛港口群为依托的现代化港口集群。同时加快铁路、公路、水路和空港建设，进一步完善港口之间、城市之间、沿海与内陆之间的交通网络体系。加快铁路干线、港口支线及疏港铁路专用线建设，形成纵贯南北、横贯东西的铁路网。加快城际铁路建设，营造同城效应。

还要加快推进能源、水利基础设施建设，开展跨区域电力输送以及煤炭、天然气以及水资源供应等方面的全面合作，促进区域内电力、煤炭、油气、水资源的优化配置。

结合海港建设和海洋生态环境保护的需要，加强海岸线、航道线、海岛、滨海公路、铁路线等海洋基础工程的合作建设。

在半岛城市交通体系的打造上，要加快构建以轨道交通为骨架的城市交通系统，积极发展城郊铁路和城市间轨道交通，提升大容量捷运系统在城市公共交通中的分担率。

(三)加强海洋科技教育

要充分发挥各地特别是沿海地区海洋教育与海洋科技的资源优势，推动重点高校、科研院所、创新型企业在科学研究、人才培养、学术交流和技术研发等方面的合作，加快构建区域科技创新体系。具体措施包括：建立区域教育信息网络互联互通与共建共享机制；相互开放国家级和省级重点实验室、工程技术研究中心、大型公共仪器设备等创新资源；联合建立区域科技信息网络和交易网络，形成网上技术市场，推动科技成果交易；通过联合举办科技博览会、交易会、项目推介会等加快区域科技成果转化；组成区域产业协作和战略联盟，围绕着区域重点产业，引导区域内企业实现强强联合；逐步推进高新技术企业、高新技术成果、高新技术产品、科技型中小企业、科技中介机构等的互认工作，共同享受本地同等优惠政策;加快建立科技项目合作机制,围绕特色资源和共性技术开展联合攻关。

(四)建设商务、贸易统一的市场

要在整个半岛区域内打破行政区划界限,整合流通资源,培育一批现代化流通基地,规范发展各类市场中介组织,构建海陆相连、空地一体的现代流通网络,建立统一开放、竞争有序的市场流通体系。积极引进现代交易制度和流通方式,努力争取国家支持,探索建立涉海产品期货交易机制,形成区域商品集散中心,努力打造具有海洋特色的全国商品重要集散地。在内陆城市建设"虚拟海关",发展"无水码头",使沿海口岸功能向内陆延伸,共享开放平台。要充分发挥合作各方的优势和特色,加快货物贸易、服务贸易和投资便利化等方面的交流与合作。通过信用体系的建设,有效地消除限制商品流通的地区障碍,建立健康、规范、有序的市场秩序。

首先,要全面清理实行地方保护和市场封锁的地方性法规和政策,创造公平竞争的市场环境。其次,要开放商品市场,消除限制商品流通的地区障碍,建立名优产品市场绿色通道,实现区域内的市场一体化。再次,要建立规范、公平的质量标准、技术标准、合格评定体系和监察及处理机制。此外,还要统筹协调港口资源,充分利用区域内各保税区的特殊政策和窗口作用,合作开办国际物流园区,联合建设国际钢铁炉料市场、国际橡胶市场、资源环境交易所、全国性黄金市场等现代商品交易所,加速产业聚集,实现区域范围内海关、商检、边检、海事、港航、信息、政策服务、咨询、货代、金融、保险、人力资源管理等现代航运服务一体化。

(五)海洋生态环境保护

加强跨行政区划的海岸带、内河流域、交通网络以及各自然保护区、水源涵养区、湿地保护区、森林公园的生态保护,通过对点、线、面的全面规划,形成以沿海、沿路、沿河的生态资源合理保护为核心,融生态需求和景观需求为一体,生态效益、经济效益、社会效益有机结合,层次多样,结构合理,功能完备,效益兼顾的生态网络,使区域生态环境质量显著提高。

建立完善环境保护合作机制,加强沟通和交流,共同推动碧海行动计划,切实做好海洋生态保护工作。全面启动生态环境保护、污染防治、环境监测、环境宣传教育、环境科技与环保产业以及陆海一体化生态修复和环境保护方面的全方位合作。编制实施"黄海海域生态修复与环境保护合作规划",建立分别监测、相互通报、信息共享、共同防污治污为基础的跨界污染协调机制,跨界污染事故应急处理机制以及跨行政区交界断面水质达到国家标准交接管理、水环境安全保障和预警机制。建立区域水环境监测网络和环境数据管理平台,协同推进自然保护区和生态保护建设项目、流域综合治理项目和循环经济试点项目,实现环境、经济与社会全面、协调、可持续发展。

第八章 结论与政策建议

第一节 研究结论

一、青岛蓝色经济区建设的五大功能定位

结合《山东半岛蓝色经济区发展规划》、《青岛市蓝色经济区建设发展总体规划框架》等规划,本研究认为青岛市在山东半岛蓝色经济区建设中的功能定位应该是"国家海洋经济科学发展先行区"、"半岛蓝色经济核心区"、"半岛蓝色高端产业聚集区"、"中国蓝色硅谷"和"海洋生态环境保护示范区",依据这一城市定位,本书进一步分析如何推进青岛市蓝色经济区建设的五大功能定位。

二、青岛蓝色经济区建设的若干关键问题

依据青岛蓝色经济区建设的功能定位,结合青岛市自身的特点、优势,本研究分析了青岛蓝色经济区建设中的政府功能定位、海洋主导产业选择、海洋科技体系建设、区域经济融合以及协调等问题,认为:①蓝色经济经济区建设中政府应积极发挥宏观调控的作用,让市场发挥主导作用;②青岛蓝色经济区建设应同时促进第一、二、三产业的协调发展;③构建高效率的科技支撑体系,并积极探索海洋科技转化的有效路径;④积极促进所辖区域县市蓝色经济的发展,同时强化与周边城市蓝色经济发展的协调。

第二节 政策建议

一、加强组织领导

立足蓝色经济区建设需要,进一步推动行政管理体制改革,转变政府职能,强化社会管理和公共服务职能,构建服务型政府;在市蓝色经济区规划建设委员会、工作推进协调委员会和专家咨询委员会的基础上,进一步健全组织领导机构,建立统一协调的决策机制,加强发展和改革委员会、海洋与渔业局、财政局、科技局等相关部门间的沟通、协调和配合,共同商讨解决蓝色经济区建设过程中面临的重大问题;充分发挥市蓝色经济区建设专家咨询委员会的作用,定期听取相关各方意见,促进决策科学化和民主化;健全联络员制度,进一步发挥分派到各部门、区(市)的联络员的沟通桥梁作用,加强与各区(市)相关部门、科研院所、大企业间的沟通衔接,及时传递蓝色经济区建设过程中的政策变动、重大技术突破和重大项目建设等相关信息;按照市蓝色经济区建设领导小组分工,以蓝色经济区发展规划为指导,进一步落实目标责任制,健全责任分工体系,明确责任主体,并配合以科学高效的监督考核管理办法,完善部门内部监督,鼓励社会监督和公众监督,保证蓝色经济区建设各项任务的充分实施。

二、健全政策体系

（一）财政税收政策方面

整合现有政府财力资源,设立蓝色经济区建设专项资金,重点支持海洋科技成果转化和产业化项目建设,支持涉海科技型中小企业发展,支持海洋基础设施、环境保护、公共服务平台等项目建设,并积极争取国家及省级有关海洋资源勘探、重大基础设施建设等专项资金;落实国家关于海洋新能源、海洋新材料、海洋装备制造等海洋战略性新兴产业及现代渔业、港口物流与海上运输业、滨海旅游业等基础优势产业的税收及相关优惠政策;在市政府权限范围内,对国家及省、市政策重点扶持和鼓励发展的海洋战略性新兴产业及基础优势产业中的重点企业,特别是中小型民营企业,实行优惠政策,依据各区(市)的财政收支状况,积极筹集资金,逐步推动税收减免为主的激励方式向直接补贴方式转变。

(二)投资融资政策方面

逐步建立财政扶持、企业主体、金融支持、社会参与的多元化、多渠道海洋产业发展投资机制,引导更多的社会资金投入蓝色经济区建设;建立针对海域使用权抵押贷款等海洋经济类贷款的补偿机制,大力开展海洋捕捞、养殖业等政策性保险业务,鼓励银行、保险和担保机构对海洋产业发展提供相应的贷款、保险和担保服务;构建区域性资本市场,支持有实力、有前景的企业采取股票、债券、投资基金、短期融资券和中期票据等融资方式拓宽融资渠道;在国家政策允许的前提下,鼓励各类投资主体依法开发海域资源;研究在青岛组建商业性蓝色经济银行。

(三)海域和土地政策方面

依照海洋功能区划和土地利用总体规划,统筹协调各行业用海用岛,合理利用海岛和海域资源;争取国家和省政府在海域使用和围填海指标上给予一定倾斜,优先用于发展海洋战略性新兴产业和基础优势产业;对列入中央投资计划和省重点的建设项目,开辟用海审批绿色通道;争取国家在海域使用金管理上给予适当倾斜,提高海域使用金留存比例,并依法减免养殖用海海域使用金,争取尽快将海水淡化及海洋新能源开发等战略性新兴产业海域使用金减免纳入国家相关政策;实行土地利用计划差别化管理,对蓝色经济区建设用地,在编制土地利用总体规划、城市总体规划时予以统筹安排;对重大建设项目特别是使用未利用地的建设项目,争取国家在安排用地计划时给予倾斜;对重点科研项目和知名科研机构落户青岛,在供地政策上,符合划拨用地目录的可采取划拨方式供地。

三、完善基础设施

统筹城市规划和蓝色经济区建设战略布局,强化基础设施网络对蓝色经济区建设的强有力支撑,不断完善交通、水电、通信等基础设施。

(一)交通设施方面

积极推进交通网络升级,加强铁路、公路、海港、空港基础设施建设,构建陆海相连、空地一体的立体交通网络。建设以胶州湾港口为核心,以董家口和鳌山湾港区为两翼,以科考船停靠港、邮轮母港为特色的多层次多功能港口发展体系,推进董家口港区建设,完善港口集疏运体系;加强空港建设,做好机场扩能前期工作,建设兼具飞行管理、空港物流、生活服务和飞机维修等多种功能的综合性国际化空港;协调推进铁路、公路建设,全面落实青荣城际轨道交通、青连铁路、海青铁路、青龙高速公路及铁路青岛客运北站等重点工程,打造便捷、完善的铁路运输网络和以高速公路为主体的公路主干线体系;加快构建城市快速交通体系,完善市区公交线网,推进地铁一期三号线、环湾大道改造、海底隧道接线等重点工程建设。

(二)供电设施方面

加强电源与电网建设,依托国家"西电东送"工程,配套建设胶州换流站、即墨变电站,扩建崂山、琅琊变电站,完善城市电网和农村电网,形成布局合理、选择多元的电网体系;扩建青岛电厂、黄岛电厂,推进董家口临港产业区热电联产项目、大唐胶州热电联产项目建设,积极发展垃圾焚烧发电、风电、太阳能、潮流能、生物质能等新能源产业,增加网内电源能力。

(三)水利设施方面

积极推进水利基础设施建设,通过本地水源挖掘、客水资源引进、海水和再生水利用等多种途径,有效解决青岛市淡水资源短缺问题。实施青岛市管辖范围内水库联调工程,开工建设沐官岛水库,平衡区域内水源分布,提高自主供水能力;结合国家"南水北调"工程实施,合理调度黄河水、长江水,增加城市供水保证率;进一步挖掘棘洪滩水库潜力,加大引黄济青力度;扩大冷却、脱硫、大生活用水等海水直接利用范围和规模;降低海水淡化成本,扩大海水淡化规模和使用范围,探索淡化海水进入市政管网进行城市供水的运营模式,把海水淡化水作为市政供水的重要水源之一;加大污水处理力度,配套工程管网建设,提高再生水利用率,引导用水单位积极利用再生水资源。

(四)通信设施方面

发挥青岛是我国北方国际通信光缆唯一登陆站的优势,利用中美、环东亚海底光缆,亚太新国际海底光缆青岛接入点和高性能数据计算平台,建设数字信息港,开展面向全球的数据托管和服务外包业务;建立面向海洋经济、海洋开发管理和海洋决策支持的海洋信息平台与海洋综合管理信息系统,大力推动信息化与工业化融合,打造区域信息综合服务中心城市、国家级信息化和工业化融合实验区;完善城市基础地理信息系统,推进"三网融合"和下一代互联网建设,新建、改造集约化信息管线,建成支持IPV6的宽带网络、宽带无线接入和4G等业务网,实现信息网络的互联互通和网络资源的共享,鼓励发展物联网技术,积极推动无线局域网和无线城域网络建设,努力打造"宽带无线城市"。

四、突出关键环节

强化科技和人才支撑。完善人才培养、引进、使用、评价和激

第八章 结论与政策建议

励机制,积极对接国家"千人计划",加快实施海外高层次创新创业人才引进专项计划,打造高层次海洋科研团队;通过引进和自主培养深海矿产资源开采、深海生物资源利用、微藻生物质能源开发等领域科研人才,打造海洋前沿技术科研团队;通过积极培育海洋新材料、海洋生物医药、海洋工程及仪器装备等领域高水平研发人才,打造海洋重点产业关键技术研发团队;根据海洋产业生产经营的实际需要,培养一批掌握工程技术、熟悉生产管理和精通市场营运的专业人才,打造海洋产业应用开发团队。加强海洋科研创新平台建设,推进青岛海洋科学与技术国家实验室、国家深海基地、海洋科考船以及各类重点实验室和工程技术研究中心建设,搭建具有较强支撑作用的海洋科技资源共享平台和技术研发应用平台,突破一批关键技术;鼓励和支持有条件的大中型企业与科研教育机构共建实验室、中试基地,对关键技术进行联合攻关,不断提高原始创新、集成创新和引进消化吸收再创新能力,加快形成一批具有自主知识产权、国际领先的科技成果。

实施大项目带动。建立以政策规划为引导、市场为基础的重点项目建设体系,以重点企业和重大项目为服务对象,由市政府统筹协调建立服务于不同类型项目建设的各具特色的专业化项目协调推进机制,制订相应的重大项目遴选、评估、实施与监控方案,明确责任主体,切实体现相关责任主体的引导、组织与协调作用,通过政策引导和管理协调,在青岛市范围内优化布局重大项目建设,以重大项目建设促进蓝色经济区快起步、起好步、早见效,加快培育具有青岛特色的海洋产业集群;在稳步推进现代渔业、滨海旅游、海洋交通运输等传统海洋产业大项目建设的基础上,引进一批具有世界一流水平的新兴海洋产业项目,重点推进海水淡化设备制造、海洋新能源开发设备研发、海洋工程装备与仪器设备制造及海洋生物医药研制等方面的开拓型与创新型项目建设;建立蓝色经济区建设重点项目库,实现规划一批、推进一批、建设一批、储备一批,争取用3~5年的时间,集中力量建设一批国内一流的生产基地或研发中心。

打造一批"龙头"企业。通过上市融资、招商引资等方式,积极引进国内外战略投资者,在海洋新材料、海洋生物医药、海洋工程及仪器装备、海水综合利用、海洋环保、高端服务业等领域培育发展一批拥有自主知识产权、知名品牌和行业领先的龙头企业;扶持一批科技含量高、经济效益好、有发展前景的中小企业做大做强,使之成为带动青岛新一轮发展的中坚力量。

五、扩大对外开放

(一)提高经济开放水平

进一步深化对外开放,瞄准欧、美,面向日、韩,大力发展具有一定国际市场潜力的海洋产业类群,全面提升蓝色经济国际化和对外开放水平;加快调整海洋进出口贸易结构,支持涉海企业自主知识产权和自主品牌建设,推动出口产品的升级换代;努力承接国际离岸服务外包,建设一批具有国际竞争力的海洋服务外包示范基地;争取在欧、美、日、韩等海洋大国建立蓝色经济区建设招商联络协调机构,或通过行业协会及产业联盟,重点针对航运、船舶制造、装备制造、滨海旅游及其他海洋高技术产业市场进行选择性招商引资;加快外资利用结构调整和外商投资产业结构优化,积极吸引和引导具有较高科技含量的外资项目投向现代渔业、海上旅游、海洋装备制造、海洋生物医药、海洋新能源及生产性服务业等高端产业。

在国家授予的权限范围内,全面调整或修订现有的与日、韩相关的双边贸易政策,采取积极措施与国家相关部门或政策制定单位沟通,推动中日韩海洋经济合作试验区建设;以青岛保税港区建设为起点,逐步扩大和提升与日、韩在海洋产业领域的合作;争取国家政策支持,有选择地开放与日、韩相关海洋领域的双边贸易,逐步降低进出口产品关税及其他相关贸易限制措施,推动中日韩自由贸易区建设;以海上物流运输合作为纽带,争取前湾港保税港区及董家口港区在海关监管、外汇金融、检验检疫等方面先行先试,优化和提升青岛港作为东北亚国际航运枢纽的地位。

(二)拓展国际科技合作

制定蓝色经济区国际合作计划,针对自身优势和发展重点,明确自身的国际合作定位和重点合作领域,并推出相应的鼓励和支持政策;积极争取国家相关部委支持,在蓝色经济论坛基础上,设立中日韩海洋科技论坛,就共同感兴趣的海洋渔业资源恢复、海洋环境管理、海上运输网络体系建设及海洋高新技术研发等领域,推动相关科研院所及涉海企业开展多层次沟通与合作;争取设立永久性的中日韩蓝色经济科技论坛,并逐步扩大规模,密切与欧、美等国家的海洋科技合作,最终推动世界海洋科技论坛在青岛举办。

编制发布青岛市中长期国际海洋科技合作路线图,采取政策鼓励和资金扶持等措施,支持驻青科研院所及相关涉海企业开展与国际涉海企业在海洋新能源、海洋生物医药、海水综合利用及深海矿产资源开发领域的合作,通过政府科技创新基金资助相关领域的合作研究计划;鼓励青岛市范围内各类海洋科研机构与国外相关机构建立联系,通过共同研究、定期交流、合作举办国际研讨会以及人员互访等多样化的国际合作形式,共同推动青岛市海洋科技创新能力及国际化水平的提高;在青岛海洋科学与技术国家实验室基础上,联合驻青科研机构及大专院校,设立国际海洋学院,积极开展海洋教育国际合作交流;支持高等院校与世界知名大学和科研机构建立合作院校、联合实验室和研究所,主动邀请国际知名海洋科学家,定期举办国际学术交流或授课活动。

(三)强化区域经济联合

稳固提升与日、韩的经贸合作,加快欧、美市场的开拓步伐。以青岛中德生态园建设为起点,积极推动日本或韩国特色产业园区建设,强化与欧、美及日、韩等国在港口航运物流、海洋渔业、海洋科技及节能环保、管理政策等领域的合作,争创不同层次的蓝色产业联盟,合作共建海洋特色产业园区、基地。

加强与国际知名海滨城市及其临海产业园区、海洋产业园区、基地的合作,通过密切联系或合作共建等形式,在海洋产业集群发展、滨海城市与区域规划、国际产业转移与交流等方面进行沟通,瞄准国际海洋、涉海领域领军城市、龙头企业和核心机构,在海洋工程装备制造业、海洋新能源开发、滨海生态旅游、海洋生态环境保护、涉海领域研究与开发等方面开展合作。

主动融入京津冀和长三角经济圈,加强与上海、天津、大连、宁波等区域重点城市的合作,通过及时有效的信息交流,取长补短,重点突出青岛市海洋科技研发优势,大力发展海洋科技服务产业和海洋高新技术产业,强化优势产业的引领带动能力;同时,推动与潍坊、烟台、威海、日照等省内周边城市的经济一体化进程,加强海洋产业与海洋科技教育等领域的交流与合作,凸显青岛市在半岛蓝色经济区建设中的海洋科技创新主体和海洋新兴产业培育龙头地位。

六、营造良好环境

(一)营造高效的政务环境

打造高效透明的政务平台,提高行政效率和服务质量,实现政务信息公开化、透明化,建立与海洋新兴产业发展相适应的服务机制;建立规划先行、民主化、公开化的决策机制,完善涉海重大项目公示制度,提高海洋经济重大决策的透明度和公众参与度;增强涉海管理部门的服务意识,对海洋经济发展中的建设项目,属于地方职权范围内的要减少环节,提高效率,属于国家职权范围内的要创造条件,搞好服务。

(二)营造安全的生产环境

通过搭建海洋信息平台、防灾减灾平台和海上救援平台等海洋特色平台,为青岛市经济社会发展营造安全的生产环境。建立健全海洋气象、海洋环境监测预报系统和海洋灾害预警系统,增强抵御风暴潮、巨浪等海洋灾害的能力;加强海洋灾害、海难、海洋污损的应急救援体系建设,提高航海保障、海上救生和救助服务水平,降低海上事故和海洋灾害损失;加强海洋减灾基础设施建设,继续推进沿海防潮堤工程建设,重点加强沿海各区、旅游景点及河口等重点区域的防护能力,逐步完善风暴潮防御工程体系。

(三)营造健康向上的舆论环境

加大对蓝色经济区建设宣传力度,发挥媒体传播的独特优势,充分利用报刊、广播电视、网络等新闻媒体,通过发表评论、开展思想讨论、报道典型事例和开辟专栏或设立专题等形式,集中宣传和报道青岛蓝色经济建设和社会发展过程中的重要成就,大力报道蓝色经济区各地和各部门改善投资环境的先进做法和先进经验,及时宣传上级有关精神和国内外蓝色经济发展可供借鉴的成功思路,形成一定的舆论声势和氛围,充分发挥舆论导向和舆论监督作用。建设青岛海洋教育科普基地,及时向市民宣传海洋科技、海洋经济、海洋文化等科普知识,增强青岛市民的海洋经济意识、海洋国土意识、海洋环保意识,在全社会营造开发海洋、保护海洋、加快蓝色经济区建设的浓厚氛围。

(四)营造鼓励创新的文化环境

充分利用青岛市的海洋学术团体、高等院校、科研机构、涉海高新技术企业,重点面向青少年群体开展多样化、系统性的海洋科学与技术基本知识教育和科学体验活动,提高青少年群体对海洋科技创新和海洋开发利用重要性的认识。利用"海洋节"、专题讲座等宣传教育途径和各种媒体,加大宣传力度,多形式、多角度、全方位地开展海洋科技文化宣传,营造鼓励创新、尊重知识的良好氛围,进一步增强民众的海洋意识和科技兴海意识。

第三节 研究不足与展望

虽然本研究取得了一定的成果,但仍然存在一些不足之处。

一方面,蓝色经济的全球发展已经成为势不可挡的趋势,其理论内涵与时间发展都处于不断变化之中,然时至今日,蓝色经济的内涵始终未能形成统一的认识,理论上也未形成逻辑性的框架,导致在实际研究中缺乏指导性。这也是本研究未能在理论上实现突破的重要原因。此外,本研究所应用的 SWOT 分析,虽然能够根据专家咨询等方法,结合层次分析法对各种因素进行定量分析,但仍然无法避免主观性问题,如何弥补这一缺陷,是今后的一个研究方向。

另一方面,本书运用大量笔墨探讨了青岛市蓝色经济区建设中的功能定位与发展战略问题,从学科意义上讲,本书属于战略管理方面的研究,重点探讨青岛市蓝色经济未来发展的问题。但这一研究范式也存在很大的局限性,即学术上探讨与实践发展的不一致性。如何克服这一局限性,也是今后需完善的方向。

参考文献

[1] Awni Behnam. Demystifying the Blue Economy, 2nd APEC Blue Economy Forum December 6-Tianjin, China.
[2] Alex L. Rosaen, Innovating for the Blue Economy: Water Research at the URC, http://urcmich.org/wp-content/uploads/2015/03/URC_Water-Industry-Sector.pdf.
[3] BERR(2007), UKOffshoreEnergySEAScopingfor EnvironmentalRePort, http://offshore-sea.org.uk/downloads/OffshorEnergy_SEA_Seoping.Pdf, Dec.
[4] Blue Economy Concept Paper, http://sustainabledevelopment.un.org/content/documents/2978BEconcept.pdf.
[5] Blue Economy for Sustainable Coastal and Ocean Development [EB/OL]. http://rokhmindahuri.info/.../blue-economy-for-sustainable-coastal-and-ocean-development.
[6] Rio+20 Pacific Preparatory Meeting. The "Blue Economy": A Pacific Small Island Developing States Perspective [R]. Apia, Samoa, July 21-22, 2011.
[7] Blue economy vision [N/OL]. 2012-06-03. The Korea Herald. http://www.koreaherald.com/view.php?ud=20120603000168.
[8] Boost to blue economy as Limassol Declaration is adopted [EB/OL]. 2012-10-08. http://www.cy2012.eu/en/news/press-release-oost-to-blue-economy-as-limassol-declaration-is-

adopted.

[9] Campbell L M, Gray N J, Fairbanks L W, Silver J J & Gruby R L. Oceans at Rio+20. Conservation Letters, 2013, 6 (6): 439-447.

[10] Campbell L M, Gray N J, Fairbanks L, Silver J J, Gruby R L, Dubik B & Basurto X. Governing the oceans: New and emerging issues[J]. Annual Review of Environment and Resources.

[11] CSIRO Blue GDP: ocean-based industry development and g row th, 2008, 16.

[12] Coastal Zone Poliey. Ministry of water Resources, Govemment of the People's Republic of Bangladesh, 2005.

[13] Corson C, Brady S, Zuber A, Lord J & Kim A. The right to resist? Disciplining civil society mobilization against the Green Economy at Rio+20. Journal of Peasant Studies, 2015.

[14] European Commission, Communication from the Commission: Blue Growth opportunities for marine and maritime sustainable growth[R]. Brussels, 2012, 13(9).

[15] Gunter Paulio, The Blue Economy: A Report to the Club of Rome[R]. UNEP, 2009.

[16] Gray N J, Gruby R L & Campbell L M. Boundary objects and global consensus: Scalar narratives of marine conservation in the convention on biological diversity[J]. Global Environmental Politics, 2014, 14(3):64-83.

[17] IUCN(International Union for Conservation of Nature). Prescription for a blue economy [N]. IUCNNEWS, 2009-05-06.

[18] Jennifer J S, Noella J G, Lisa M C, Luke W F, Rebecca L. Gruby, Blue Economy and Competing Discourses in International Oceans Governance, Journal of Environment & Development: 1-26.

[19] Kee-Hyung Hwang, Establishing a capacity-building program for developing countries in the "Blue Economy Initiative" of the EXPO 2012 Yeosu Korea, OECD Workshop on the Economics of Adapting Fisheries to Climate Change" [R]. Busan, Korea, June 10-11, 2010.

[20] Kwang, Kee-hyung, Establishing a capacity-building program for developing countries in the "Blue Economy Initiative" of the EXPO 2012 Yeosu, Korea.

[21] Kildow J T, Mellgorm A, The importance of estimating the contribution of the oceans to national economies[O/J]. marine policy. Elsevier, 2009.

[22] Lubchenco Jane. The BLUE Economy: Understanding the Ocean's Role in the Nation's Future [R]. Capitol Hill Ocean Week, Washington, D C. June 9, 2009.

[23] Luca Remotti, Tonia Damvakeraki. Ocean Research in Horizon 2020: The Blue Growth Potential, European Parliament's Committee on Industry, Research and Energy.

[24] Stainier A. The "Blue Economy" as a Key to Sustainable Development of the St. Law rence. LeFleuve, 1999, 10(7): 1-3.

[25] UN Environment Programme, Food and Agricultural Organization, International Maritime Organization, UN Development Programme, International Union for Conservation of Nature, World Fish Center & GRID-Arendal. (2012). Green economy in a blue world.

[26] The Blue Eeonomy: The Role of the oeeans in our Nation, Eeonomie Future, http://commerce. senate. gov ublie/index, efin? FuseAetion = Hearings, Hearing&Hearing-ID = d777a758-ffgd47fZ-9701-83leb03947,June9, 2009.

[27] The"Blue Economy, as a Key to Sustainable DeveloPment of the St. Lawrenee,LEFLEUVE, 1999, 10(7).

[28] U. S. Subcommittee on Oceans, Atmosphere, Fisheries, and Coast Guard, Senate Committee on Commerce, Science, and Transportation. The Blue Economy: The Role of the Oceans in Our Nation's Economic Future [R]. Washington,D C. June 9, 2009.

[29] 魏后凯. 现代区域经济学[M]. 北京:经济管理出版社,2006:5.

[30] 豆建民. 区域经济发展战略分析[M]. 上海:上海人民出版社,2009:31.

[31] 崔功豪,等. 区域分析与规划[M]. 北京:高等教育出版社,2006:218.

[32] 林强. 蓝色经济区理论与实证研究[M]. 北京:经济科学出版社,2010:8-9.

[33] 林仕厚. 扶持"蓝色产业",开发"蓝色财源"[J]. 福建财会,1998(2):12-13.

[34] 孟平. 进军"蓝色经济"[J]. 海洋开发与管理,2003(2):23-26.

[35] 张开城. 中国蓝色产业带战略构想[J]. 时代经贸,2008(6):11-16.

[36] 车亭. 科学发展,推动"蓝色经济"新跨越[N]. 威海日报,2007-07-21(1).

[37] 郑贵斌. 提升山东半岛蓝色经济区规划建设水平三个重要问题[J]. 理论学刊,2010(1):32-35.

[38] 孙斌,徐志斌.海洋经济学[M].山东教育出版社,2004:4-7.

[39] 潘义勇.海洋产业与21世纪的中国经济[J].学海,2001(2):69-74.

[40] 徐志斌.海洋经济与海洋经济科学[J].海洋科学,1995(2):21-23.

[41] 王明舜.中国海岛经济发展模式及其实现途径研究[D].中国海洋大学,2009.

[42] 刘康."蓝色经济"与"蓝色经济区"概念发展[J].海洋经济,2011,19(1-2):1-5.

[43] 姜秉国,韩立民.山东半岛蓝色经济区发展战略浅析[J].山东大学学报(哲社版),2009(5):92-96.

[44] 陈明宝,韩立民.蓝色经济区建设的运行机制研究[J].山东大学学报(哲社版),2010(4):83-86.

[45] 楼东,谷树忠,等.中国海洋资源现状及海洋产业发展趋势分析[J].资源科学,2005(5):20-26.

[46] 张耀光,韩增林,等.海洋资源开发利用的研究——以辽宁省为例[J].自然资源学报,2010(5):786-792.

[47] 郑贵斌.中国海洋经济研究文集[M].北京:海洋出版社,2013.

[48] 魏博,刘正华,姚建华,等.促进海洋经济绿色增长——2011年APEC蓝色经济论坛概述[J].台湾海峡,2012(2):292-294.

[49] 何广顺,周秋麟.蓝色经济的定义和内涵[J].海洋经济,2013(4):9-18.

[50] 赵鹏,赵锐.蓝色经济理念在全球的发展[J].海洋经济,2013(4):1-8.

[51] 王晓惠,赵鹏.印度尼西亚蓝色经济发展现状[J].海洋经济,2013(4):53-61.

[52] 刘堃,周海霞,相明.区域海洋主导产业选择的理论分析[J].太平洋学报,2013(3):58-64.

[53] 姜旭朝,张继华,林强.蓝色经济研究动态[J].山东社会科学,2010(1):105-109.

[54] 马吉山.区域海洋科技创新与蓝色经济互动发展研究——以青岛市为例[D].中国海洋大学,2012.

[55] 何广顺,周秋麟.蓝色经济的定义和内涵[J].海洋经济,2013(8):9-18.

[56] 周春华,阚卫华.国外蓝色经济发展模式及其对青岛的启示[J].中共青岛市委党校青岛行政学院学报,2012(4):35-38.

[57] 谭晓岚.蓝色经济竞争力评价模型的构建[J].海洋开发与管理,2011(11):79-81.

[58] 王苧萱.蓝色经济发展融资策略研究[J].中国海洋大学学报(社会科学版),2012(5):22-28.

[59] 尹正德.青岛市蓝色经济发展现状分析[J].海洋经济,2013(12):52-56.

[60] 于忠珍.青岛市蓝色经济发展问题分析[J].中共青岛市委党校青岛行政学院学报,2015(5):27-31.

[61] 王圣,任肖嫦.蓝色经济的资源开发战略[J].海洋开发与管理,2013(9):91-95.

[62] 张艳芳,常相全.蓝色经济区优势产业综合评价指标体系的构建[J].济南大学学报(社会科学版),2013(3):67-70.

[63] 韩立民,刘迪迪.关于中国"蓝色硅谷"建设的几点思考[J].经济与管理评论,2012(4):133-136.

[64] 韩立民,神瑞明.蓝色硅谷建设中政府作用机制研究[J].改革与战略,2013(7):113-117.

[65] 韩立民,周海霞.中国"蓝色硅谷"的功能定位、发展模式及创新措施研究[J].海洋经济,2012(2):42-47.

后 记

本书是在我的导师韩立民教授的悉心指导下完成的。韩老师严谨的治学态度，敏锐的洞察力，活跃的科研思维，精益求精的工作作风以及崇高的敬业精神使我受益终生。在此向尊敬的导师致以最崇高的敬意和衷心的感谢！

感谢中国海洋大学管理学院对我的培养！感谢管理学院的所有老师和同学给予我很大的帮助，在此表示深深的谢意！在本书的完成中还得到了管理学院有关同学的无私帮助，向他们表示深深的谢意。

最后也要感谢我的家人，是他们默默的关心和支持，伴我走过了漫漫的求学之路。

刘 璟
2016 年 3 月